대산 김대거 종사

대산 김대거 종사

초판 1쇄 발행 : 2013년 10월 28일
초판 2쇄 발행 : 2014년 5월 25일

지은 이 : 서문 성
펴낸 이 : 김영식
펴낸 곳 : 원불교출판사

등록번호 1967. 7.1(제7호)

전북 익산시 신용동 344-2
063) 854-0784

대산 김대거 종사

서문 성

이 산하대지山河大地에

천화天花가 만건곤滿乾坤하니

평화는 오리

평화는 오리

-대산 종사 법문 중에서-

원불교출판사

| 글 머 리 |

큰 스승이신 대산 김대거 종사님 탄생100주년을 맞이하여 조금이나마 보은하고 닮아가고자 하는 마음으로 작은 정성을 올립니다.

글머리는 대산 종사님의 '평화는 오리' 라는 법문으로 대신합니다.

이 산하대지(山河大地)에
천화(天花)가 만건곤(滿乾坤)하니
평화는 오리
평화는 오리
따라서 교단에
천불만성(千佛萬聖)이 발아(發芽)하고
억조창생(億兆蒼生)의 복문(福門)이 열려서
무등등(無等等)한 대각도인(大覺道人)과
무상행(無相行)의 대봉공인(大奉公人)이
많이 나오리
많이 나오리니
다 같이
대적공(大積功) 대적공 대적공하고 대적공하리로다.

샘골 우석당에서 서문 성

| 목차 |

제1부 대산 종사의 생애

1. 좌포에서 탄생하다 / 11
2. 영생의 스승을 만나다 / 17
3. 출가서원을 올리다 / 27
4. 견성인가를 받다 / 34
5. 대거를 사표 삼아라 / 41
6. 요양하며 적공하다 / 47
7. 나라의 지도자들과 교류하다 / 54
8. 원평에서 큰 힘을 얻다 / 61
9. 신도안으로 들어가다 / 68
10. 종법사에 취임하다 / 77
11. 교화를 꽃피우다 / 83
12. 열반하다 / 101

제2부 일화로 만나는 대산 종사

1. 만덕산 / 117

2. 탄생과 집안 / 126

3. 출가 / 142

4. 가정생활 / 148

5. 요양과 적공 / 155

6. 서울생활 / 164

7. 대종경 / 178

8. 각처에서 일화 / 188

9. 종법사 당선 / 203

10. 신도안 개척 / 212

11. 왕궁 정양 / 227

12. 열반 / 231

부. 대산 종사 연보 / 243

제1부

대산 김대거 종사의 생애

1. 좌포에서 탄생하다
2. 영생의 스승을 만나다
3. 출가서원을 올리다
4. 견성인가를 받다
5. 대거를 사표 삼아라
6. 요양하며 적공하다
7. 나라의 지도자들과 교류하다
8. 원평에서 큰 힘을 얻다
9. 신도안으로 들어가다
10. 종법사에 취임하다
11. 교화를 꽃피우다
12. 열반하다

※ 미국 하와이교당 혜산 조혜천 교도회장이
  대산 종사를 그린 선화

대산 김대거 종사 진영(1914~1998)

1. 좌포에서 탄생하다

1) 기도정성으로 태어나다

'평화는 오리, 평화는 오리'라고 평화를 염원했던 평화의 성자 대산 김대거 종사(大山 金大擧 宗師)는 평생 소자(小子) 소제(小弟) 소동(小童)을 자처하며 원불교 종법사(宗法師)로 33년간 재위하며 교단의 기초를 닦았다.

대산 김대거 종사(이하 대산 종사로 칭함)는 1914년 4월 11일, 전라북도 진안군 만덕산 아래 성수면 좌포리에서 연산 김인오와 봉타원 안경신의 4남 1녀 중 장남으로 태어났다. 본명은 「영호(榮灝)」이다.

대산 종사가 태어난 좌포리는 마을 좌우로 봉황이 살았다 하여 붙여진 봉황산과 봉황이 알을 품었다는 난산(卵山, 알미산)이 기암괴석으로 둘러져 봄에는 꽃동산 가을이면 단풍이 병풍을 두르고 앞으로 맑은 시냇물이 유유히 흐르는 평화로운 산촌이다.

봉황산에서 본 대산 종사 탄생가 마을 좌포 전경.

대산 종사 탄생가 본체 전경.

대산 종사의 증조부 김봉배가 경상도 거창군수를 하다가 '그곳에 오래 있으면 자손을 못 보겠다'는 말을 듣고 지관과 명당을 찾아다니다가 마침내 좌포마을 뒷산 봉황산에 올라 터를 잡아 정착했다.

천석꾼 집안으로 해마다 소작농들에게 도조(賭租) 받는 시기가 오면 대산 종사 조부 김용성은 벼 속에 티끌이 들어있어도 가마니 수만 세어 대강 거두어 들였다.

대산 종사의 부모가 결혼하여 8년 만에 큰딸을 낳았다. 그 후 양가 조부모와 전 가족이 아들을 얻기 위한 기도를 올렸다.

안경신이 꿈을 꾸었다. 마을 뒤에 있는 알미산이 거꾸로 보이고 앞에 흐르는 시냇물이 돌연 큰 바다를 이루어 중천에 떠있는 둥근달이 강물로 떨어지더니 집안으로 밝은 빛이 가득 번졌다. 그 순간 찬란한 빛을 흠뻑 마시고 달을 치마폭으로 세 번이나 품어 안았다. 안경신은 꿈을 꾼 후 부정한 장소에 가지 않고 삼복더위에도 냉수를 마시지 않으면서 태교에 정성을 다해 첫딸을 낳은 지 2년 만에 대산 종사를 낳았다.

2) 담력 큰 아이로 자라다

대산 종사는 어려서 체구가 다른 아이들에 비해 작았지만 담력이 컸다. 어느 날은 집안에서 일하는 머슴이 어린 대산 종사를 놀려 주려고 칠흑 같은 밤중에 묘가 있는 산으로 업고 올라가 내려놓고 숨어버렸다. 대산 종사는 겁이 나고 무서웠지만 두 주먹을 꼭 쥐고 흐르는 땀을 닦으며 내려왔다. 평소에는 또래 아이들 보다 연상의 아이들과 어울려 놀았으며 놀이에서도 언제나 선두에 서서 지휘했다.

대산 종사가 어린 시절 부모님과 함께.

대산 종사의 증조부는 불경을 많이 구입하여 가보(家寶)로 여기며 독송하였고, 증조모는 별당을 지어 주야로 불경을 독송했다. 조모는 불경을 독송하며 생불님 만나기를 염원했다. 대산 종사는 이처럼 불연(佛緣)깊은 집안의 분위기 속에서 어린 시절을 보냈다.

7세부터 서당에 다니기 시작했다. 서당에 점심을 싸가지고 가서 가난한 아이들에게 나누어 주었다. 서당에 다니면서도 학문에만 심취하지 못했다. 당시 일제의 탄압으로 인한 어려움과 혼란을 보며 '세상이 평화로웠으면 하는 생각' 뿐이었다. 그래서 세계지도를 구해 나름대로 평화로운 세상을 구상해 보곤 했다.

대산 종사의 당숙은 중국에서, 종형은 일본에서 유학하고 신학문을 받아들여 집안이 일찍 개화(開化)됐다. 대산 종사는 11세에 신학문을 배우기 위해 성수면 학술강습소(學術講習所)에 입학했으나 뜻에 맞지 않아 3개월 정도 다니다가 그만두었다.

한국전쟁 때 소실되어 수풀이 우거진 만덕산 만덕암(초선지)터를 찾은 대산 종사와 교단 간부들.

한국전쟁 때 소실된 만덕산 초선지의 현재 모습(좌측 점선안)과 원불당(우측)의 모습.

2. 영생의 스승을 만나다

1) 산제당 초선에 참여하다

대산 종사 집안인 김(金)씨 문중에서는 만덕산(萬德山) 8부 능선에 산제당(만덕암이라 부름)을 지어 놓았다. 그 만덕암을 비단장수하는 최도화가 맡아 관리하며 대산 종사의 집을 자주 왕래했다.

최도화는 대산 종사의 조모에게 만덕산 만덕암에 산부처님(소태산 대종사)이 와서 계시니 가서 뵙자고 권했다. 대산 종사는 최도화와 조모의 대화에 호기심이 생겼다.

조모인 노덕송옥이 만덕암에 갈 때 11세의 대산 종사는 머슴 등에 업혀 갔다. 만덕암에 당도하니 키가 자그만하고 잘 생긴 스님(정산 종사)이 마중을 나왔다. 대산 종사는 어찌할 바를 몰라 쩔쩔맸다. 한 스님이 동네에 왔을 때 동무들이 '중중 까까중' 하고 따라다니며 놀려준 일이 있었다. 그 스님인 것 같았다.

대산 종사는 생불님이 대포 만들 줄 아는지 물어보지 못했다. 한 달 남짓 생활하며 어른들 하는 것이 무슨 뜻인지도 모르고 따라서 했다.

그러다가 밤이 되면 뒷간(화장실) 가는 일이 걱정됐다. 한번은 뒷간에 갔다가 호랑이 우는 소리에 놀라 나오던 똥이 쑥 들어가 오도 가도 못하고 겁에 떨었다.

만덕산 만덕암에서 초선회(初禪會)를 열 때가 소태산 대종사의 두 번째 만덕산 행가였다.

소태산 박중빈 대종사(1891~1943), 원기 8~9년경 사진으로 최초의 사진.

김 대포

최도화와 조모(노덕송옥)가 생불님에 대해 이야기하는 것을 듣던 영호(대산 종사)가 호기심이 생겼다.
영호가 최도화에게 물었다.
"아지마씨, 생불님은 어떤 분잉겨?"
"부처님은 천만 사람들이 바라는 모든 소원을 다 들어주시는 어른이째."
이 말에 구미가 솔깃하여 영호가 다시 물었다.
"그라요? 그럼 지 소원도 들어 주겠네요?"
"들어 주다마다!"
"지는요, 다른 것보다도 이 세상이 싸우지 않았으면 좋겠네요."
영호는 우리 조선이 일본한테 전쟁에 져서 이렇게 핍박 받고 사는 것이라 생각했다.
"만일 싸우는 나라가 있으면 싸우지 못하도록 꽝하고 쏠 대포를 만들었으면 쓰겠어요."
"아이고, 어떻게 우리 생불님께서 대포 만드시는 줄 알았다냐!"
그 말을 의심 없이 믿고 조모를 따라 만덕산 만덕암에 가서 소태산 대종사를 만났다. 그 후 영호를 사람들이 '김 대포'라 불렀다.

2) 정산 송규가 최도화를 만나다

정산 종사가 한해 겨울을 지내며 인연을 만났던 만덕산 미륵사의 옛 모습.

원기 6(1921)년 가을, 전라북도 부안군 변산 봉래정사에서 소태산 대종사가 정산 송규에게 말했다.

"이제 차츰 때가 되어간다. 어디든지 네 발걸음 내키는 대로 가 보아라. 그러면 만나야 할 사람을 만날 것이다. 그러나 전주에는 들르지 말고 가거라."

정산 송규는 소태산 대종사의 뜻을 받들어 만나야 할 사람을 만나기 위해서는 전주가 아닌 전주 인근으로 가야함을 알았다. 그리하여 길을 가다가 전주를 지나갈 때는 고개마저 돌리고 가는 도중 세환 스님을 만나 길동무를 하게 됐다. 세환 스님과 함께 간 곳이 만덕산 미륵사였고, 그가 바로 그 절 주지였다. 정산 송규는 미륵사에서 그 해 겨울을 지내는 동안 공부의 깊은 경지에 들게 됐다.

원기 7년 설을 쇠고 난 정월 어느 날, 비단장수하는 화주보살이 불공을 드리기 위해 미륵사에 왔다. 그 화주보살은 객스님(정산 송규)을 보고 생불님으로 받들고 따랐다. 그러나 정산 송규는 소태산 대종사의 명에 의해 미륵사에서 봉래정사로 돌아왔다.

화주보살은 생불님을 찾아 묻고 물어 봉래정사까지 찾아가서 정산 송규의 인도로 소태산 대종사께 귀의했다. 그 화주보살이 소태산 대종사가 말한 '만나야할 사람'인 전북회상과 서울회상의 총 연원이라 불리는 최도화이다.

소태산 대종사가 만덕산에 처음 간 것은 원기 7년 (음)12월 말경 최도화의 주선으로 오창건·송도성을 수행인으로 하여 만덕암에서 3개월을 적공할 때이다. 이때 변산에서 귀의한 전삼삼(田參參)이 그의 아들 전음광(全飮光)을 데려와 귀의시켰다.

소태산 대종사가 만덕산에 두 번째 가게 된 것은 원기 9(1924)년 이리 보광사(普光寺)에서 불법연구회 창립총회를 열고 「불법연구회」라는 임시교명을 내외에 공개한 며칠 뒤였다.

소태산 대종사는 만덕암에서 최초 교화단 중앙단원인 정산 송규와 단원 오창건·김광선, 전주와 진안의 전삼삼·전음광·이청춘·최도화·노덕송옥·김대거, 서울의 박사시화·이동진화·김삼매화 등

만덕산 초선지(初禪址, 만덕암)

　만덕암(산제당)은 전라북도 진안군 성수면 중길리 산17번지로 만덕산 8부 능선에 자리 잡고 있다. 만덕암은 성수면 좌포리에 사는 김종진이 1910년경에 부종병으로 고생하는 며느리 이현공을 위해 지어 준 집이다. 비단장수 최도화는 만덕산 미륵사 화주(化主) 일을 하면서 미륵사를 넘어 만덕암에 내왕했다. 이때 좌포에 사는 김(金)씨들과 알게 되어 만덕암 부근에 갈대 초즙으로 산신각을 지어 공을 들이며 만덕암 관리도 했다. 만덕암은 산신령 탱화를 모신 불당 1칸, 방 1칸과 부엌이 있는 3칸 기와집이었으나 한국전쟁 때 소실됐다.

만덕산 만덕암터(초선지)의 현재 모습.

12명의 제자와 원기 9년 (음)5월 한 달 동안 김광선의 주관으로 선회(禪會)를 열었다.

만덕산 만덕암에서 1개월 선회를 마친 소태산 대종사와 제자들은 하산하여 그해 가을, 익산에 총부를 건설하기 시작했다.

3) 총부를 찾아가다

선회에 참석했던 대산 종사는 선회가 끝나자 집으로 돌아왔다. 대산 종사는 어려서부터 책을 펴 놓고 지식을 익히기 보다는 '세상의 평화와 툭 튀는 사람이 되고 싶다' 는 생각을 많이 하며 넓은 세계에서의 활동을 동경했다.

대산 종사는 원기 11년 13세가 되자 자신도 모르게 만덕산에서 뵈었던 소태산 대종사가 뵙고 싶어졌다. 그리하여 스스로 총부로 찾아가 소태산 대종사께 "제가 지난 번 만덕산 선회에 참석했을 때에는 아무런 의미도 없이 그냥 할머니를 따라갔을 뿐입니다. 그러나 이제부터 대종사님의 제자가 되겠습니다"라고 말씀드리니, "집으로 돌아가서 더 깊이 생각해 보아라"고 했다.

당시 총부는 도치원(道峙院) 초가 두 채 뿐으로 단출했다. 대산 종사는 총부 선방에서 강연하는 모습을 보며 '저런 일을 해서 무엇을 한단 말인가?' 하는 생각이 들어 선방 근처에는 가지 않았다. 주로 쇠

죽 끓이는 일을 조력하고, 만석평 농사일에 따라 다니며 몇 개월 시간을 보낸 후 집으로 돌아왔다.

원불교 총부 건설의 최초 본관 건물인 도치원(본원실과 엿 방)의 현재 모습.

4) 신학문을 수학하다

집안에서는 대산 종사를 해외 유학 시켜야 한다고 했다. 일본이나 중국 등지에서 공부하라고 했다. 그러나 유학을 떠나지 않고 14세에 전주에 있는 호영중학교에 입학했다. 그러나 마음속에는 언제나 학교 공부보다는 세계평화에 더 관심이 있어 틈만 나면 세계지도를 펼쳐 보았다.

호영중학교는 한국인이 세운 학교였다. 그러나 일본인 평교사에게 한국인 교장이 쩔쩔 매는 것을 보고 '저런 지도자에게 공부해서 무엇 하나' 하는 생각이 들었다. 결국 대산 종사는 학교를 2년 동안 다니다가 그만두었다.

학교를 그만 둔 대산 종사는 집에서 생활하면서 시간을 보냈다. 당숙과 종형들이 대산 종사를 유학 보내자고 다시 권유해 왔다. 집안 분위기가 유학으로 무르익어 갈 때 조모와 모친은 유학을 가더라도 생불님(소태산 대종사)을 한번만 더 만나보고 가라고 권유했다.

어느 관상 보는 사람이 조모에게 대산 종사가 '30대에 큰 부자가 되나 명이 짧다'는 이야기를 했다. 조모와 모친은 생각 끝에 귀한 아들은 스님에게 인연 맺어주는 풍습에 따라 생불님께 보내고자 했던 것이다.

대산 종사의 출가연원인 정산 송규 종사.

3. 출가서원을 올리다
1) 정산 송규의 연원으로 출가하다

대산 종사는 총부를 다녀 온지 3년 후인 원기 14년 정월에 총부를 다시 찾아 조모의 연원으로 입교했다.

소태산 대종사가 「대거(大擧)」라 법명을 준 후 물었다.

"대거도 이제는 나이가 그만하면 인생의 방향로를 결정해야 할 때가 됐다. 장차 인생을 어떻게 살고 싶으냐?"

"우리나라는 땅도 좁고 국력도 약한 나라입니다. 그러나 중국은 땅도 넓고 인물도 많아서 영웅호걸들이 모여드는 곳입니다. 그래서 중국에 건너가 석숭(石崇)이나 도주공(陶朱公) 같은 큰 부자가 되어서 천하를 주름잡아보고 싶기도 하고, 아니면 이태백이나 도연명 같은 풍류객이 되어서 세상을 한번 재미있게 살아보고 싶습니다."

"사람이 세상에 태어나서 큰 부자나 영웅호걸이 되어 보기도 하고 풍류객으로 멋있게 살다 가는 것도 물론 좋은 일이다. 그러나 오늘날의 도인은 땀을 많이 흘리고 일을 열심히 하는 사람이다. 이 세상의 주인은 영웅호걸이나 풍류객이 아니라 큰 도인이 되어 부처님의 가르침을 세상에 널리 펴는 사람이다. 지금이 어느 때냐, 이처럼 세상이 어지러운 때일수록 천하를 구제할 큰 도인이 필요한 법이다. 이곳을 잘 보아라. 여기가 바로 영산회상을 다시 건설할 책임을 지고 불보살들이 모인 곳이다. 대거도 진정으로 세상을 한번 잘 살아보고 싶다면 저 사람들처럼 새 회상 창립에 큰 일꾼이 되어야 할 것이다."

대산 종사는 소태산 대종사의 말씀을 받들고 정산 송규의 연원으로 출가서원을 올렸다.

2) 은부시자 결의를 하다

대산 종사는 출가 후 쇠죽을 끓이고 총부 임원들 머리 깎아주는 일 등을 하다가 정기훈련을 받으면서 습관을 개혁한다는 건 쉬운 일이 아님을 알았다. 원기 14년 교단기관지인 『월말통신』 제21호에 처음으로 감상담 「습관개혁에 대하여」를 발표했다.

'습관이란 것은 참으로 무서운 것으로 생각하였습니다〈중략〉.
어려서 무릎 꿇기를 습관 들인 까닭에 그때에는 꿇으나 안 꿇으나 일반이었지만은 오랜 기한을 꿇어보지 않았기에 무릎 꿇든 습관이 빠져서 지금은 아픈듯, 삼십 계행이 다 그와 같은 것입니다. 저 세상에 있을 때에는 삼십 계문을 거의 다 범하였지만은 지금은 몇 달 동안 삼십 계행을 여의고 정의도덕으로 진행하여 실행하는 고로 그와 같은

원기 14년 동선(기사동선)기념으로 공회당을 배경으로 기념 촬영(원안이 대산 종사)

악습관이 묵어가는 것을 보니 영원히 정의도덕으로 진행만 하고보면 자연 중 악습관은 묵어가고 좋은 습관이 들 줄로 자신하였습니다.'

대산 종사는 총부에서 생활하면서 소태산 대종사로 부터 '삼계의 대도사 사생의 자부'에 대한 법문을 받들고 마음이 새로 열리고 눈과 귀도 열리는 듯했다. 그리하여 '내가 해야 할 일이 바로 이 일이 아닌가?' '이 일 외에 또 다른 무슨 일이 있겠는가?' 라는 결심과 서원이 확고해 졌다. 그 후 『수양연구요론』, 『취지규약서』 등 교서를 탐독하자 마음이 조금씩 열려가기 시작했다.

원기 19년 제1회 은법회를 결성하고 모든 제자들을 홍법회라 이름하여 기념촬영(원안이 대산 종사).

　　대산 종사는 출가하여 이듬해 정월, 전음광과 함께 소태산 대종사의 은자(恩子) 결의인 은부자결의식(恩父子結義式)을 올렸다. 그 후 원기 19년 하선 중에 공식적으로 제1회 은법회(恩法會)가 결성되어 소태산 대종사와 은부시자 결의를 했다.

　　대산 종사는 원기 15년에 정산 송규에게 『도덕경』을 배웠다. 도덕경을 배우며 '노자님이 오셔서 가르친다 해도 더 이상 못 가르치시겠다'고 느꼈다. 이때 정산 송규가 "선생님이 아닌 형님이라고 불러라"고 하여 출가연원인 정산 송규를 형님으로 모시기 시작했다.

3) 서원이 확립되다

대산 종사는 소태산 대종사께 "제가 무슨 일을 하면 될까요?"라고 여쭈었다. 그러자 소태산 대종사가 "서기 일을 해라"고 했다. 그리하여 원기 16년부터 3년간 서무부 서기 일을 했다. 이것이 대산 종사의 전무출신으로서 첫 근무였다.

대산 종사는 성실히 근무하며 정기훈련[禪]에 입선했다. 그때 임실 관촌에서 선(禪)을 나리온 김성천화가 대산 종사의 강연하는 모습을 본 후 눈여겨보기 시작했다. 그리고 손녀딸의 배필로 정해 놓고 추진했다.

대산 종사는 전무출신을 서원하기까지 많은 생각이 오고 갔지만 서원을 올린 후에는 오직 깨달음과 세상을 위해 헌신하려는 마음뿐이었다. 그리하여 『월말통신』 제35호에 자신의 뜻을 담은 「입지시(立志詩)」를 발표했다.

차신필투공중사(此身必投公衆事)
영세진심갈력행(永世盡心竭力行)
인생출세무공적(人生出世無功績)
사아평생하면괴(斯我平生何免愧)
이 몸을 기필코 공중사에 바치리니
영생토록 변함없이 있는 힘을 다 하리다
사람으로 태어나 세상 위해 큰일 못하면

평생토록 그 부끄러움 어찌 면 하리까.

4) 결혼하여 가정을 이루다

대산 종사는 20세 되던 원기 18년에 임실군 관촌면 상월리 이근만과 조준관의 10남매 중 맏딸인 21세 영훈(永勳)과 결혼했다.

대산 종사의 정토 의타원 이영훈 종사.

대산 종사는 결혼 후 첫날 정토(正土, 부인)인 이영훈과 처가 가족이 한자리에 모인 곳에서 자신의 포부와 장차 해야 할 일들을 털어 놓았다. 그리고 "저의 뜻을 따르겠습니까? 못하겠습니까?"라고 물었다. 이영훈은 평소에 사회의 차별제도에 회의를 느끼고 인간 평등을 염원하며 세속적인 생활보다는 뜻 있는 삶을 구상했기에 선뜻 찬성했다. 영훈은 전무출신이 무엇인지는 몰랐다. 다만 자신의 평소 생각과 부군의 뜻에 차이가 없음을 알고 따르겠다고 한 것이다.

대산 종사는 첫날밤이 지난 새벽에 좌선을 했다. 이영훈은 평소 조모의 좌선하는 것을 보았기에 특별나다는 생각이 들지 않았다. 이영훈은 친정에서 생활하며 총부 정기훈련에 참석했다.

　결혼 후 대산 종사는 가뭄에 콩 나듯 한 번씩 사가에 다녀갔다. 집에 올 때마다 조그마한 손가방 하나를 들고 와서 늘 열쇠를 채워 놓았다. 신혼 초에 이영훈은 그 가방 속이 몹시 궁금했다.
　하루는 벽에 걸어둔 대산 종사의 윗저고리에서 열쇠를 꺼내 몰래 열어 보았다. 가방 안에는 『취지규약서』, 『육대요령』 그리고 일기장이 있었다. 대산 종사가 밖에서 들어오자 물었다.
　"가방 안에는 조그마한 책만 몇 권 들어 있고, 그 외에는 귀중한 것 하나 없던데 무엇 때문에 그렇게 열쇠를 채우고 다니십니까?"
　"소중한 것이 들어 있어서가 아닙니다. 가방에 열쇠를 채우고 다니는 것은 바깥 경계에 내 마음이 끌려 다니지 않도록 내 마음 챙기는 공부를 하는 것입니다. 우리가 이렇게 부부의 인연으로 맺어졌으니 당신도 자신의 마음이 세상 경계에 끌려 다니지 않도록 마음 챙기는 공부에 노력하기 바랍니다."

4. 견성인가를 받다

1) 일월이 합치되는 꿈을 꾸다

원기 18년, 대산 종사의 나이 20세에 일월(日月)이 합치되는 꿈을 꾸었다. 다음날 아침, 소태산 대종사가 이동진화·조전권과 함께 대산 종사를 불러 가보니 "그대들 세 사람은 내가 교리 가지고는 걱정할 것이 없다"고 하며 세 사람에게 모두 견성(見性)인가를 해줬다. 대산 종사는 이때 영생을 불퇴전할 서원이 세워졌다.

원기 18년 8월, 조모인 노덕송옥이 75세로 열반했다. 조모는 대산 종사를 이끌어 주고 후원하며 전 가족을 원불교에 귀의하게 하여 문중에서 전무출신과 거진출진(居塵出塵)이 속출하도록 인도하고 집으로 교무를 초빙하여 법회를 여는 등 교당 창설을 적극 추진했었다.

노덕송옥은 66세 때에 장손자 대산 종사와 만덕산 만덕암을 찾아 소태산 대종사께 귀의하고 1개월 선회(禪會)에 참여했다. 그 후 총부

대산 종사의 조모 현타원 노덕송옥 정사.

정기훈련에 입선하여 낙도생활을 하는 한편, 한때도 교도의 의무금을 어기지 않았다.

노덕송옥은 정기훈련 때면 모든 일을 불고하고 참여하여 소태산 대종사의 법문을 받들 때는 법열에 젖어 무수히 절을 올렸었다.

소태산 대종사도 노덕송옥의 신성을 인증했다.

"내가 오늘 조실에 앉았으니 노덕송옥의 얼굴이 완연히 눈앞에 나타나서 얼마동안 없어지지 아니하는 것을 보았노라. 그는 하늘에 사무치는 신성을 가진지라 산하가 백 여리에 가로막혀 있으나 그 지극한 마음이 이와 같이 나타난 것이니라."

2) 집안일을 정리하다

대산 종사는 원기 19년부터 상조·공익·육영부 서기로 근무를 시작했다. 그 무렵 사가는 부친이 금광사업을 하다 가세가 기울기 시작했다. 점점 빚이 늘어가는 어려운 상황에서 실마리를 풀지 않으면 안 되는 상황까지 이르렀다. 대산 종사의 정토 이영훈은 시댁의 가세가 기울자 원기 20년 봄에 친정에서 시댁으로 들어가 살림살이를 시작했다.

대산 종사의 형편을 알게 된 소태산 대종사는 먼저 집안일을 정리하고 오라고 했다. 이리하여 대산 종사는 원기 20년 9월, 집안의 경제 정리 차 좌포 집으로 가서 가족회의를 열고 "저는 종사님이 파견해 왔으니 저의 의견을 따르시겠습니까?"라고 했다.

가족들이 대산 종사의 뜻에 따르겠다고 합의를 하자 6개월 동안 전답을 정리하는 등 여러 가지 방법으로 부채를 갚으며 해결했다.

대산 종사는 집안일을 정리한 후 원기 21년에 부모님께 고향에 남은 농토를 관리하도록 하고 정토와 동생들을 데리고 총부 구내 신영기의 집(현 구정원)으로 세를 얻어 이사했다. 그리고 대산 종사는 교무부 서기로 근무를 다시 시작했다.

대산 종사 사가가 총부로 이사와 잠시 세 들어 살던 신영기의 집(현 구정원).

3) 우주선에 이 한 몸 태우다

대산 종사는 원기 22년에 제2회 결산서기 및 금융원으로 근무하다가 이듬해에 서무부장 겸 공급부장으로 승진했다. 교단의 간부로 중책을 맡아 업무를 수행하면서 소태산 대종사의 「일원상과 인간과의 관계」 법문을 받들며 수필하여 교단기관지인 『회보』 제46호에 처음으로 발표했다.

대산 종사는 오롯한 적공을 쉬지 않았다. 소태산 대종사가 평소에 예화를 들며 법문했던 「부설 거사 성도담」 내용 중 게송을 외우기 시작했다.

목무소견무분별(目無所見無分別)
이청무성절시비(耳聽無聲絶是非)
분별시비도방하(分別是非都放下)
단간심불자귀의(但看心佛自歸依)
눈에 보이는 바가 없으니 분별이 없어지고
귀에 들리는 소리 없으니 시비가 끊어지도다
분별시비 모든 망상을 놓아 버리고
다못 마음부처를 찾아 스스로 귀의하리라.

대산 종사는 심력을 얻어야겠다는 생각이 더욱 절실해졌다. 부설 거사의 게송을 오롯이 외우던 어느 날, 비몽사몽간에 팔만마군이 대산 종사를 에워싸고 공격하려했다. 그러나 100여m 전방에서 더는 침

범을 못하고 있었다. 그 순간 어디서 나타났는지 소태산 대종사가 '이 사람들 뭣한데?' 라고 말하자 팔만마군이 안개 걷히듯 모두 사라졌다.

대산 종사는 더욱더 적공하며 그 당시 심경을 「사공(沙工)」이란 시(詩)로 읊었다.

조그마한 우주선에
이 한 몸 태우고서
다북찬 호연지기 노 삼아 저어가니
아마도 방외유객(方外遊客)은 나뿐인가 하노라.

4) 한 지붕 세 가족이 살다

대산 종사 가족이 세를 얻어 살고 있던 집주인 신영기가 집을 교단에 희사했다. 원기 22년 사회적으로 큰 물의를 일으킨 백백교(白白敎)사건이 발생한 후 총부 사무실을 이 집으로 이사해야 했다. 소태산 대종사의 배려로 대산 종사 가족은 소태산 대종사의 사가로 이사했다. 그곳에는 소태산 대종사의 정토인 양하운과 자녀들, 소태산 대종사의 딸인 박길선(주산 송도성 정토) 가족이 살고 있어 한 집에 세 가족이 함께 살게 되었다.

이영훈은 처녀시절에 저금했던 돈과 결혼예물을 팔고 소태산 대종사의 배려로 상조부에서 융자를 얻어 대각전 뒤 동산을 매입하여 복숭아 과수원을 조성하고 집을 지어 이사했다. 과수원을 운영하는 등 집안일과 아이들을 키우는 모든 일을 영훈이 혼자 해 나갔다. 대산 종사는 오로지 공사에만 전념했다.

원기 25년 봄, 대산 종사는 건강에 이상이 생겨 약 2주간 사가에서 치료하며 다녔다. 고열에 시달려 아무것도 먹을 수 없자 이영훈이 색다른 반찬을 만들어 주었다. 대산 종사는 이를 보고 "성의는 고마우나 몸이 불편하여 사가에 찾아와 편안히 간호 받고 있는 것도 미안하거늘 색다른 반찬은 먹을 수 없습니다"라고 했다.

소태산 대종사가 이 일을 알고 "대거가 마음을 잘 쓴다. 집에서 밥을 먹고 다니지만 총부보다 이상 되는 반찬을 먹지 않고 다니니 얼마나 장한 마음이냐!"고 했다. 이것이 소태산 대종사로부터 공식석상에서 처음 들은 칭찬이었다. 당시 총부 사정은 먹고 사는 것이 곤궁해 소태산 대종사도 밥상만 따로 놓았지 선방에서 대중과 함께 공양했다.

총부 대각전에서 바라본 1950년대의 총부 전경.

5. 대거를 사표 삼아라

1) 법문을 듣기만 해라

원기 24년에는 교무부장으로 전임되어 역할에 충실하며 오롯한 적공을 하는 한편 소태산 대종사의 법문을 수필해서 『회보』에 발표하기도 했다.

대산 종사가 법문을 수필하는 것을 본 소태산 대종사가 기록하지 못하게 하며 "잘 듣기만 해라"고 했다. 그래도 불안하여 법문을 요약해서 갖다드리니 역시 기록을 하지 못하게 하며 "앞으로 네 머리에서 다 나올 것이다"라고 했다. 후일 『대종경』을 초안하려고 할 때 자신도 모르게 소태산 대종사께 받든 법문들이 솟아났다.

대산 종사는 공부가 점점 깊어져가는 심경을 「일여선가(一如船歌)」라는 제목으로 『회보』 제58호에 발표했다.

고요한 밤 홀로 앉아 원적처(圓寂處)를 찾아가니

모든 법이 공한 곳에 영지불매(靈知不昧) 분명하다
증애심 없고 보면 통연명철(洞然明徹) 하옵나니
걸림 없는 일여선(一如船)에 이 한 몸 넌짓 싣고
오고 감이 한가롭게 실렁실렁 가오리다.〈하략〉

대산 종사는 원기 26년에 교무부장에서 감사부장으로 전임됐다. 이즈음 서대원이 불경공부를 많이 해서 소태산 대종사를 보필해야겠다는 뜻으로 얼마 동안 산중 사찰로 들어갔다가 돌아온 일이 있었다.

서대원이 입산할 때 소태산 대종사가 크게 꾸중하였고, 총부 대중들도 그를 규탄했다. 총부 대중들은 회의를 열어 그를 교단에서 제명 축출하기로 결의하고「제명결의서」를 제출하기로 했다. 그리하여 감사부장인 대산 종사가 제명결의서를 가지고 소태산 대종사에게 갔다. 제명결의서를 본 소태산 대종사는 크게 호통 치고 결의서를 찢으며 "이 종이를 곧장 한 점 재도 남기지 말고 불살라 버려라. 내가 아무리 대원이를 꾸짖는다 할지라도, 그대들은 나에게 대원이가 잠시 입산한 뜻은 결코 다른 데 있는 것이 아니고 회상을 위한 것이니, 용서해 달라고 해야지 내보내자는 회의를 하다니, 그렇게 내 뜻을 모르고 동지애도 없다는 말이냐?"고 했다.

대산 종사는 소태산 대종사가 평소에 "너희가 나를 버리고 가면 모르거니와 내가 버리지는 아니할 것이다"라고 한 말씀이 떠올라 한없는 대자대비를 느꼈다.

소태산 대종사가 교리도를 발표하던 당시의 남녀전무출신 기념촬영(원기 28년 1월 31일 대각전 앞.

2) 중근을 조심하라

대산 종사는 원기 27년 다시 교무부장, 원기 28년에는 총부 교감 겸 예감으로 업무를 수행하며 교무부장 업무를 대행했다.

소태산 대종사는 기본교리를 간단한 도식(圖式)으로 그려 배우고 실천하기 쉽도록 원기 17년 발간한 『육대요령』에 「교리도(敎理圖)」를 처음 발표했다. 그 후 원기 28년 1월, 새로 정한 교리도를 총부 야회시간에 공회당에서 발표하며 "하도낙서(河圖洛書)에 거북이가 팔괘(八卦)를 지고 나왔다고 하는데, 마치 교리도가 비슷하다"고 하며 기뻐했다.

소태산 대종사는 교리도에 대하여 설명한 후, "수도하는 사람의 근기(根機)에는 하근기·중근기·상근기의 세 가지가 있다"고 했다. 그리고 중근기의 병증과 말로, 벗어나는 방법을 간곡히 설명하며 "현재 송도성은 중근을 벗어나 보인다"고 하고, 손을 꼽아 가며 몇 사람의 이름을 일일이 부른 후, 대산 종사를 부르더니 "너도 크게 주의하라. 만약 중근기를 벗어나면 큰 도인이 될 것이지만, 그러지 못하고 중근기에 떨어진다면 다시는 제도 받지 못하고 큰일 날 터이니 특별히 조심해야 할 것이다"고 했다.

대산 종사는 소태산 대종사가 자신을 지적하며 '크게 조심하라' 하자 등에서 식은땀이 흘렀다. 그로부터 서원을 반조하며 적공에 적공을 거듭하여 중근을 벗어났다.

대산 종사는 이 회상에 들어와 처음 만난 김광선을 초도사(初導師), 김기천을 발심사(發心師), 송도성을 입지사(立志師), 서대원을 불학사(佛學師), 정산 송규를 은사형(恩師兄) 법사형(法師兄) 심사형(心師兄), 소태산 대종사를 은사부(恩師父) 법사부(法師父) 심사부(心師父)로 모시며 공부했다.

3) 대거를 사표 삼아라

소태산 대종사가 열반 10일 전, 조실 앞을 지나는 안이정을 불러 "너의 마음 가운데 사표로 모시는 스승이 누구냐?"라고 물었다. 안이정은 의심할 것 없이 "정산(송규)과 주산(송도성)입니다"라고 말씀드렸다. 그러자 소태산 대종사가 "네 말이 옳다"고 하고 다시 "정산과 대거(대산 종사)를 사표로 모시고 살아라" 하며 "대거가 공부길을 잡았느니라"고 말했다. 안이정은 의심이 생겨서 "주산은 어쩝니까?"라고 여쭈니 "주산도 하지만 그렇게 해라" 하여 의문이 더욱 커졌다. 이 말이 의두가 되었으나 소태산 대종사가 열반하고 2년 후 송도성이 열반에 들자 비로소 의두가 풀렸다.

　소태산 대종사는 이와 같이 대산 종사가 큰 법기임을 제자들에게 자주 인식시켰고, 정산 송규도 "국한이 크기로는 대산 같은 사람이 없다"라며 제자들에게 은연중 큰일을 할 사람이라는 것을 심어줬다.

　원기 28년 6월 1일, 대산 종사 30세에 소태산 대종사가 열반했다.

소태산 대종사 발인식 장면(원기 28년 6월 6일, 총부 대각전).

대산 종사는 출가하여 소태산 대종사의 열반 시까지 14년 동안 총부에 근무하며 영생의 스승으로 모시고 공부했었다. 소태산 대종사의 열반으로 대산 종사는 우주의 고아가 된 것 같았다. 모든 제자들은 한 순간에 절망 속으로 빠져들었다. 이곳저곳에서 통곡소리만이 하늘을 찔렀다.

대산 종사는 이렇게 슬퍼만 할 때가 아니라는 것을 느꼈다. 정신을 가다듬었다. 그리고 울고 있는 젊은 학인들에게 "울 때가 아니다. 정신을 차리라"고 하며 "우리가 대종사님 법을 받아 전하고 회상을 이어나가야 하는데 정신을 차려야지. 이렇게 울고만 있으면 어찌할 거냐?"고 하며 치상절차에 임했다. 치상절차를 마무리한 후 정산 송규가 종법사위에 올라 교단을 이끌어 안정되어 갔다.

6. 요양하며 적공하다

1) 결핵에 감염되다

　일제강점기를 전후해서 우리나라 어느 곳이든 결핵을 앓는 사람들이 많았다. 결핵에 걸리면 대부분 살 수 없는 상황이었다. 총부에서도 간혹 결핵에 걸린 사람들이 있었다. 이 가운데 보화당 주무로 근무하던 김서룡이 결핵에 걸렸다. 김서룡은 총부 송대에서 치료를 했다. 전염성이 있는 결핵이었기에 집으로 돌려보내자고 하는 의견들도 나왔다. 정일지·박장식과 함께 대산 종사가 간호하다가 대산 종사도 결핵에 감염되어 결핵 2기가 됐다. 대산 종사의 나이 서른 살 이었다. 김서룡은 지극한 간호에도 불구하고 원기 28년 11월에 열반했다.

　주위에서 여러 말들이 많았다. 대산 종사는 "그 폐병이 몹쓸 놈이지 그 동지가 몹쓸 사람이 아니다. 폐병이 나를 데려가지는 못할 것이다" 하고 치료에 정성을 다했으나 병세가 더욱 악화됐다. 정산 종법사가 서울로 가서 치료하라고 하여 원기 29년 서울교당으로 가서 치료하기 시작했다.

대산 종사가 동지를 간병했던 총부 송대의 당시 모습.

대산 종사가 요양하던 서울교당 옛 모습(현 삼선공원 내).

극도로 악화된 건강은 한 걸음도 걸을 수 없고, 겨우 미음으로 연명하는 극한의 투병 생활이었다. 이완철·이동진화와 황정신행이 알뜰히 보살펴 주는 가운데 의사의 지시대로 탕약을 복용하며 요양했다. 죽음의 벼랑에 서 있었지만 절망이나 허무를 느끼지 못했다.

일체를 천지에 맡기고 '내가 필요한 사람이라면 진리께서 우주의 대권을 부여해 주시고 만 생령 위해 일할 수 있도록 해 주십시오'라고 간절한 기도를 올렸다. 그리고 '석가모니 부처님은 5백 생을 닦아 불과(佛果)를 이루셨다지만 나는 5억만 생이라도 닦고 닦아 기필코 이루리라'는 생각이 전부였다.

병마와 싸우며 기도하던 어느 날 '함양대원기 보보초삼계 함양대원기 염념도중생(涵養大圓氣 步步超三界 涵養大圓氣 念念度衆生, 큰 일원의 기운을 함양하여, 걸음걸음 삼계를 뛰어넘고, 큰 일원의 기운을 함양하여, 생각생각 중생을 제도하리라)'이라는 구절[대원주(大圓呪)]이 떠올랐다. 그 후부터는 생명을 하늘에 맡기고 대원주를 주문으로 삼고 외웠다.

대산 종사는 투병 중 죽음을 가까이 느끼면서 '생래(生來)에 생불생(生不生)이요 사거(死去)에 사불사(死不死)로다. 불생(不生)이라 불멸(不滅)하고 불멸(不滅)이라 불생(不生)이로다'라는 생사일여(生死一如)의 이치를 깨달았다.

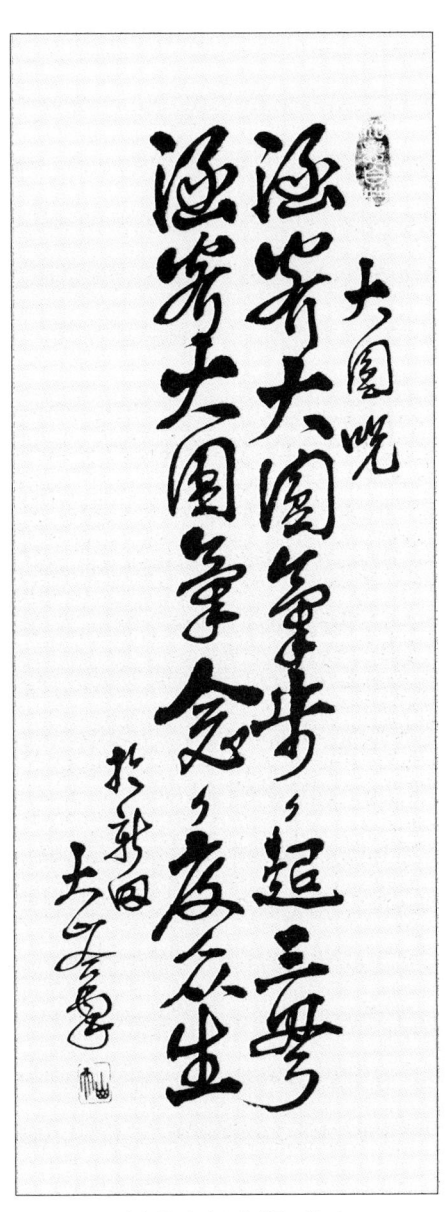

대산 종사의 「대원주」 친필.

2) 요양하며 적공하다

서울교당에서 5개월의 요양을 하고서야 조금은 생기를 찾은 것 같았다. 이때 황정신행이 경기도 양주 자신의 별장에 가서 요양해 보면 어떻겠느냐고 권유했다. 주위 동지 중에 "기왕 죽을 바에는 총부나 고향에 가서 죽지 뭐하려고 양주에 가느냐!"고 충고해 주는 사람도 있었다. 대산 종사는 죽고 사는 것에 연연하지 않았다.

대산 종사가 요양했던 팔타원 황정신행의 별장이 한국보육원으로 변한 오늘날의 모습.

산 좋고 물 좋은 양주로 가서 낮에는 감자로 끼니를 때우고 저녁에는 죽을 끓여 먹으며 요양했다. 양주에 처음 갔을 때만해도 10m도 못 걸었으나 점점 기운을 회복하고 걸음 연습을 하여 50m에서 100m까지 걸을 수 있게 되자 산에 다니기 시작했다. 매일 망태 하나 짊어지고 산천으로 다니면서 선정(禪定)에 들기도 하고 밤이나 낮이나 기도하고 약초 캐는 것으로 일과를 삼았다.

　대산 종사를 본 마을 사람들이 물었다.
　"여기에 무엇 하러 오셨소?"
　"나는 허공을 찾으려고 왔소."
　"허공을 찾아서 무엇 하려고요?"
　"허공을 내 것으로 삼으려고 합니다."

　대산 종사는 이 천지 안에 자신보다 한가롭고 재미스러운 사람이 없는 것 같았다. 몸은 병들었지만 마음만은 허공법계를 걸림 없이 소요자재(逍遙自在)하는 자신을 보며 한편의 시(詩)를 읊었다.

　　대지허공심소현(大地虛空心所現)
　　시방제불수중주(十方諸佛手中珠)
　　두두물물개무애(頭頭物物皆無碍)
　　법계모단자재유(法界毛端自在遊)
　　대지 허공은 마음에 나타난 바요
　　시방 제불은 손안에 구슬이로다
　　이치와 사물에 다 걸림 없으니
　　법계를 터럭 끝에 놓고 자유로이 놀더라.

양주에서의 생활은 오롯이 한 생각 뭉치고 맑히며 밝히는 데만 온 정력을 쏟을 수 있었기 때문에 병을 잊을 수 있었다.

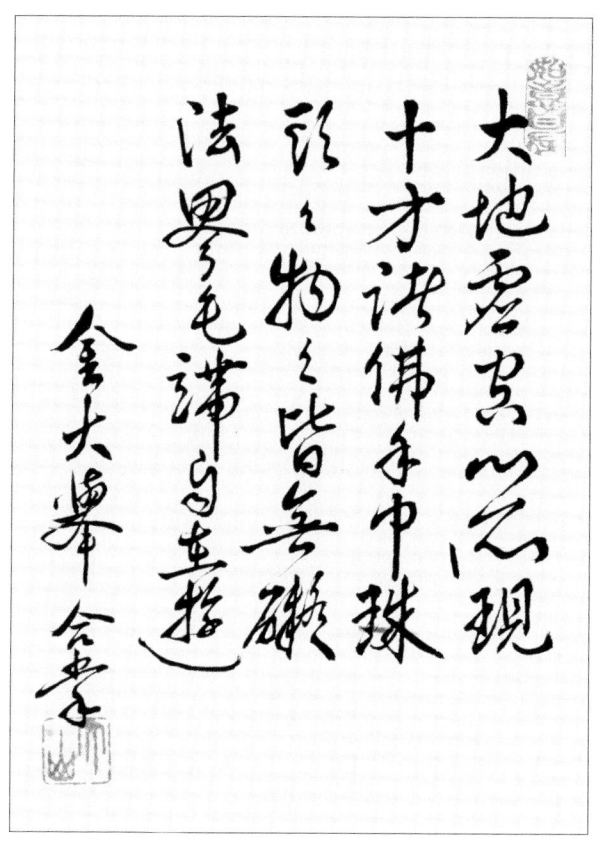

대산 종사의 친필(대지허공심소현.......).

7. 나라의 지도자들과 교류하다

1) 서울출장소에 부임하다

대산 종사는 양주에서 투병생활 도중 민족의 숙원이던 광복을 맞게 됐다. 교단에서는 원기 30(1945)년 8월 15일, 광복을 맞아 「전재민구호사업회」를 발기해 서울·이리·전주·부산 등지에서 일본·만주·중국 등 해외에서 귀환하는 전재동포(戰災同胞)를 위한 구호사업을 전개했다. 송도성이 전재동포구호사업에 몰두하던 중 이재민에게 전염병이 감염되어 원기 31년 3월, 40세를 일기로 열반했다. 재가 출가 모두의 커다란 슬픔이요, 교단의 커다란 손실이었다. 대산 종사에게는 입지사(立志師)로 모셨던 법형(法兄)의 열반은 큰 충격으로 다가왔다.

대산 종사는 양주에서 1년여의 요양으로 건강이 많이 회복되었고, 송도성이 서울출장소를 설립하며 열반하기 전 부탁과 교단의 명을 받고 원기 31년 4월 서울출장소 소장으로 부임했다.

대산 종사가 총부 서울출장소장으로 근무했던 정각사의 법당모습.

원기 32년, 정각사에서 보화원을 운영할 당시 황정신행과 원생들(정각사 법당 앞).

교단에서는 한남동 남산에 있는 일본인 사찰 약초관음사를 인수하여 「정각사(正覺寺)」라 이름하고 서울출장소라 했다. 교단의 서울 발판지가 새로이 확보되자 재가출가교도들은 경사라고 기뻐했다. 그러나 법질서가 확고히 잡히지 않았고 여러 가지로 혼란한 사회상황에서 정각사에 도둑이 자주 들어 사람이 살수 없을 정도로 위험했다. 이처럼 혼란과 어려움 속에 근무를 시작했다.

광복 후 쏟아진 고아들을 거두던 황정신행이 보육원을 해보았으면 한다하여 보육원을 「보화원」이란 이름으로 정각사에서 운영했다. 그 당시는 국가적으로도 어려운 시기였지만 세계적으로도 복잡한 때였다. 교단의 여건이야 말할 필요도 없었다. 대산 종사는 진리 앞에 두 손 모아 합장하고 염원[심원송(心願頌)]했다.

원위(願爲)

족지답처(足之踏處)

수지무처(手之撫處)

음지향처(音之響處)

심지념처(心之念處)

개공(皆共)

성불제중지연(成佛濟衆之緣)

간절히 원하옵건대

내 발길이 닿는 곳마다

내 손길이 미치는 곳마다

내 음성이 메아리치는 곳마다

내 마음이 가는 곳마다

한결같이

부처되고 세상 구제하는 좋은 기연이 되게 하여 지이다.

2) 나라의 지도자들과 교류하다

어느 날 정각사에 우남 이승만을 위시하여 장덕수·조병옥·김병노 씨 등 정계인사 20~30명이 일시에 방문했다. 황정신행이 보육원 관계로 이승만을 자주 만나는 가운데 계기가 되어 방문하게 된 것이다. 이렇게 하여 대산 종사는 나라의 지도자들과 접촉할 수 있게 되었

우남 이승만 박사의 사저인 이화장(현 우남 이승만 기념관).

정각사를 찾은 백범 김구가 정산 종사, 대산 종사, 서울교당 교무진과 교도들과 함께(원기 32년). 앞줄(좌측부터) 이운권, 대산 종사, 한 사람 건너 정산 종사, 김구, 이공주, 황정신행.

고 우의를 돈독히 할 수 있었다. 대산 종사는 가끔 이승만을 만나러 이화장으로 갔다. 이화장은 이승만이 이사 오기 전 황정신행이 집을 짓고 살던 곳이다. 대산 종사는 이승만에게 "나의 스승님은 이리 총부에 계십니다"는 말을 여러 번 하고, 한번 총부를 방문해 줄 것을 요청했다. 이러한 이야기들이 씨앗이 되어 이승만이 전국을 순회하던 중 이리에 들렀다가 총부를 방문했다. 「대종사 성탑」을 참배하고 조실에 들러 정산 종법사와 대담하며 붓을 들어 '성경신(誠敬信)'이란 글귀를 썼다.

대산 종사는 박장식과 함께 이승만의 이화장에 갔다가 백범 김구와 이시영을 만났다. 이 자리에서 이승만은 대산 종사와 박장식을 '불교혁명운동을 하는 사람들'이라고 소개하고 원불교 교단에 대해서도 이야기했다.

김구는 한동안 이승만의 이야기를 들은 후 "내가 중국에 있을 때 국민의 정신을 하나로 모을 수 있는 핵심 된 불교가 있었으면 하고 바랐는데 원불교가 바로 그동안 내가 생각했던 종교인 것 같습니다"라고 소감을 피력했다. 대산 종사와 박장식이 돌아올 때 김구가 『백범일지』한 권씩을 선물로 주어 받았다.

이화장에서 김구와 처음 만난 후 황정신행의 부군 강익하의 역할로 교류하기 시작했다. 김구가 글방 훈장을 할 때 강익하가 글을 배웠던 사제지간이었다. 김구는 정각사에 자주 들러 중국 상해임시정부 시절의 이야기를 밤늦도록 목 메이며 하였고, 교무들에게 붓글씨도 써주었다.

대산 종사가 요양하며 적공했던 원평교당이 수몰되어 이전하고
저수지로 변한 오늘날의 모습(뒤로 구성산과 제비산의 모습).

대산 종사가 종법사위에 오른 후 원평교당에서 정양하며 제비산에 올랐다.

8. 원평에서 큰 힘을 얻다

1) 기도하며 약초를 캐다

대산 종사의 서울출장소 3년 동안의 근무는 국내 정치인들과 교류하며 교단 위상을 드러내고 한국 속의 원불교 입지를 크게 구축하는 계기가 됐다. 그러나 원기 34년 폐결핵이 재발했다. 의사는 체념한 듯 "인명은 재천이니 당신 하고 싶은 대로 하십시오" 하면서 아무런 처방도 주지 않았다. 총부로 돌아온 대산 종사는 김제 모악산 아래 원평교당으로 갔다.

대산 종사는 원기 34년 4월부터 원평에서 투병생활을 다시 시작했다. 약물치료 보다도 맑은 공기 마시며 정신력으로 버티어 나갔다. 모악산과 제비산·구성산 등 원평 주변의 산들을 규칙적으로 다니며 기도올리고 약초를 캐는 것으로 일과를 삼았다. 약초 한 뿌리를 캐도 한 망태 못 캐어도 한 망태, 약 망태를 큼지막하게 벌리고 다녔다.

때론 인연 닿는 곳에서 감도 따주고 청소도 해주며 바쁜 농촌의 일

손을 돕기도 했다. 늦가을이 되면서부터 밤낮 없이 신기한 생각들이 쏟아졌다. 때로 글을 쓰면 어느 대 문장가 못지않을 만큼 많은 시(詩)를 쓸 수 있을 것 같이 줄줄이 쏟아져 나왔다.

대산 종사는 소태산 대종사가 '허령(虛靈)이 열릴 때를 조심해야 된다. 허령이 열리게 되면 저 자신 하나만 그르치지 않고 남의 일생을 그르치니 무서운 것이다'고 한 말씀이 생각났다. 이 경계의 말씀이 떠오르면서 자신도 모르는 기운이 솟아나자, '이왕 죽을 몸이라면 대종사님 법문이라도 정리하고 죽자'는 결심을 했다.

2) 정진문으로 허령을 떨치다

대산 종사는 소태산 대종사의 법문정리에 총력을 기울이며 정산 종법사께 수록의 형식을 여쭈었다. 정산 종법사가 유교의 『논어(論語)』식으로 하자고 하여 『대종경(大宗經)』 초안을 정리해 나갔다. 정산 종법사가 많은 격려를 해 주었다. 대산 종사는 격려의 말씀을 듣고 더욱 오롯이 정진했다.

대산 종사는 '한생 흐트러진 정신을 모아 대종사님께서 설하신 법문을 정리하고 이 세상을 깨끗이 떠나리라'고 생각하며 법문을 정리하는 동안 병고(病苦)도 잊었다. 병고를 잊으니 조금씩 건강이 회복되어 갔다.

대산 종사는 허령을 떨치기 위해 정진하면서 「정진문(精進文)」을 썼다.

유일물어차(有一物於此)하니 무형무체(無形無體)하야 취야부득(取也不得) 사야부득(捨也不得)이나 연(然)이나 학자(學者)는 요정심연마이득안즉기형(要精深鍊磨而得眼則其形)이 무불기형(無不其形)이요 기체(其體)가 무불기체(無不其體)라 취야득(取也得) 사야득(捨也得)하야 기성(其聲)이 쟁쟁공겁외(錚錚空劫外)하고 기광(其光)이 교교삼천계(皎皎三千界)하야 응현(應現) 천백억화신(千百億化身)하야 광제육도미륜중(廣濟六途迷輪衆)하나니 원제학자(願諸學者)는 위해결일대사인연(爲解決一大事因緣)하야 서발대신(誓發大信)하고 서립홍원(誓立弘願)하며 불석신명(不惜身命)하고 불생간탐(不生慳貪)하야 필이단단일직심(必以斷斷一直心)으로 용맹정진(勇猛精進)하고 용맹정진(勇猛精進)할지어다.

여기에 한 물건이 있으니 형상도 없고 모습도 없어서 취해도 얻지 못하고 놓아도 얻지 못하나, 그러나 배우는 이는 마땅히 정밀히 깊이 연마하여 눈을 얻으면 그 형상이 그 형상 아님이 없고, 그 모습이 그 모습 아님이 없음이라. 취하여도 얻고 놓아도 얻어서 그 소리가 공겁 밖에까지 쟁쟁하고 그 빛이 교교히 삼천계를 비추어 응하여 천백억화신을 나투어 널리 육도 미륜 중생을 제도하나니 원컨대 모든 배우는 이는 일대사 인연을 해결하기로 맹세코 큰 믿음을 발하고 맹세코 넓은 원을 세워서 신명을 아끼지 아니하고 아끼고 탐함을 내지 아니해서 반드시 틀림없는 한 곧은 마음으로 용맹 정진하고 용맹 정진할지니라.

기도내용, 공부순서

대산 종사는 기도의 내용과 공부의 순서가 나이를 더해 가면서 달라졌다.

30세부터 5년 동안은 진리께 나의 모든 것을 바치겠다는 기도를 하였고, 40세부터 5년 동안은 진리의 큰 힘을 주시라고 기도하면서 그 가운데 41세 때는 전 출가 동지들을 위해서, 42세 때에는 전 재가 교도를 위해서, 43세 때는 전 국민을 위해서, 44세 때는 전 인류를 위해서, 45세 때에는 전 생령을 위해서, 46세 때에는 유주무주 고혼들을 위해서, 47세 때에는 교단과 국가 세계의 급선무를 찾아서 기도했다.

10대에는 대서원을 표준하고, 20대와 30대에는 법과 마의 싸움으로 고전하고, 30대와 40대에는 정진하면서 허령이 떠올랐으며, 50대에는 지각(知覺)·전심(專心)으로 평상심을 유지하고, 60대에는 함장(含藏, 아뢰야식의 별명. 과거의 인식·행위·경험·학습 등으로 형성된 인상 印象·잠재력, 곧 종자를 저장하고 있으므로 이와 같이 말함)하며 다시 준비하는 표준으로 구도했다.

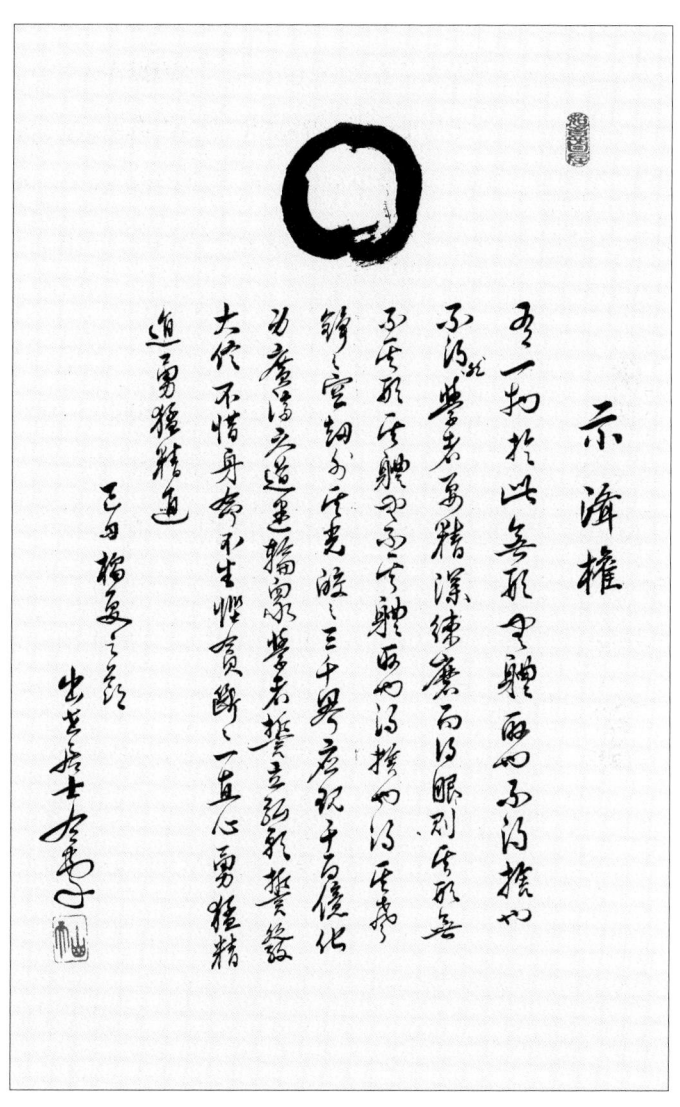

대산 종사의 「정진문」 친필.

대산 종사는 정진문을 읽으면서 한 생각이라도 흩어져 아닌 기운이 침범하지 못하도록 노력했다. 원평 주변의 산을 망태기 하나 지고 샅샅이 다녀 바늘 하나 있어도 찾을 수 있을 만큼 됐다. 산에 다니는 것이 요양이며 적공이었다. 그리하여 건강이 회복되고 지혜의 문이 열리었다. 한번 생각하면 조금도 걸림 없이 솟았다. 그리하여 밤낮으로 『대종경』 초고를 마쳤고, 「채약송(採藥頌)」 「무실무득법(無失無得法)」 「원상대의(圓相大意)」 등 많은 시문(詩文)을 썼다.

「원상대의(圓相大意)」

원공(圓公)은 언어도단(言語道斷)이라.

무법(無法)이로되 무불법(無不法)하야 천하만법(天下萬法)이 개종차이출입(皆從此而出入)하고 사면장벽(四面墻壁)이라 무문(無門)이로되 무불문(無不門)하야 천하만유(天下萬有)가 개종차이왕래(皆從此而往來)하여 엄연이위육합지조종(嚴然以爲六合之祖宗)과 성철지궤철(聖哲之軌轍)과 중생지복전(衆生之福田)과 악인지화택(惡人之火宅)하니 기물(其物)이 공야(空耶)아 유야(有耶)아.(중략)

함양대원기(涵養大圓氣)하야 보보초삼계(步步超三界)하고 함양대원기(涵養大圓氣)하야 도무량중생(度無量衆生)하여 지이다.

원공은 말과 길이 끊어진 자리라.

법이라 이름 지을 수 없으되, 또한 법 아님도 없어서 천하 만법이 다 이로 좇아서 나고 들며 사면이 장벽이라. 문이 없으되 또한 문 아님도 없어서 천하의 만유가 다 이로 좇아서 가고 오며 엄연히 육합의 할아비 되고 뭇 성인과 철인의 다니시는 길도 되고 중생의 복전도 되고 악인의 화택도 되니 그 물건이 빈 것이냐, 있는 것이냐.(중략)

  큰 두렷한 기운을 함양하여 걸음걸음 삼계를 뛰어나고, 큰 두렷한 기운을 함양하여 한량없는 중생을 건져 지이다.

9. 신도안으로 들어가다

1) 민족수난을 당하다

원평에서 요양하며 대종경 초안을 하던 어느 날, 대산 종사는 서울에 가게 됐다. 원기 31년 소태산 대종사의 유지를 받들어「유일학림(唯一學林)」을 발족하여 총부에서 강의를 시작하게 되었고, 제1회 졸업생을 배출한 후 강의실이 좁아 일부가 시내 장소로 옮겨 강의를 했다. 절차를 밟아 강의실 건물을 사용하였으나 다른 학교에서 문제를 제기하여 문교부장관을 만나기 위해 서울로 간 것이다. 일은 헛되지 않았으나 서울에 머무를 때 민족의 비극인 한국전쟁이 발발했다.

서울교당에서 이동진화가 "누군가는 교당을 지켜야 합니다"며 "나는 이제 살만큼 살아 늙었으니 이 교당은 내가 지키겠소. 그러니 모두들 총부로 내려가시오"라고 했다. 이동진화의 의지를 꺾을 수 없어 대산 종사와 일행은 27일 서울에서 출발하는 마지막 열차를 타고 대전역에 와서 호남선 열차로 갈아타고 총부에 도착했다.

정산 종법사는 피난하지 않고 총부를 지키겠다고 했다. 젊은 사람들은 부산으로 피난 보내고 이완철과 송혜환 등 몇 사람이 정산 종법사를 모시고 총부를 수호하게 됐다.

대산 종사도 총부에 머물렀다. 전쟁의 열기는 총부까지 밀려와 인민군 부대사령부가 총부에 주둔했다. 정산 종법사는 대각전 뒷방 등에서 피난하고 대산 종사는 사가에서 운영하는 과수원에 방공호를 파고 피난했다. 때때로 국군 비행기가 총부 주변에서 맴돌다가 이리 시내와 군산·전주 등에 폭격을 했다.

전란이 종식된 어느 날, 한 비행사가 총부를 방문했다. 그는 정산 종법사께 인사를 드린 후, "6.25 당시 이곳에 인민군 부대사령부가 주둔하고 있음을 알았기 때문에 폭탄을 투하하려고 총부 주변을 몇 바퀴 비행했습니다"라고 하며 "총부에 투하하려고 비행하는데 좋은 서기(瑞氣)가 어려 있어 폭격을 하지 못하고 목천포에 떨어뜨렸습니다"고 했다.

어느 정도 사회가 평정을 되찾게 되자 대산 종사는 원평교당에서 초안했던 『대종경』 보따리를 찾으러 원평교당으로 사람을 보냈다. 몇 차례 사람을 보냈으나 전쟁 중에 없어져 찾을 수 없다고 했다. 양혜련을 다시 보냈다. 전쟁 중에 책과 옷들이 모두 없어졌는데 대종경 초안 보따리 하나만 다락 한구석에 남아 있어 찾아왔다. 대종경 초안을 총부 대각전 뒷길을 산책하면서 연마했다. 원기 36년부터 38년까지 마

육문(六問)

1. 네가 신심이 있는 것 같이 생각하니 영겁 다생에 불퇴전할 만한 신심을 가졌느냐?
2. 네가 큰 공부를 하는 것 같이 생각하니 마음을 허공(진공묘유)과 같이 지키느냐?
3. 네가 무엇을 얻은 것 같이 생각하니 너의 자가마니보주(自家摩尼寶珠)를 얻었느냐?
4. 네가 무슨 능력이 있는 것 같이 생각하니 생사거래를 자유할 만한 능력이 있느냐?
5. 네가 포부를 가진 것 같이 생각하니 시방일가의 살림을 벌일 만한 역량이 있느냐?
6. 네가 깨끗한 것 같이 생각하니 시방국토를 맑힐 만한 청정심이 되었느냐?

산교당·다대교당·진영교당 등에서 요양하며 『대종경』 편수 일을 조력했다. 원기 41년 교단에서 「대종경편수위원회」가 발족되자 대종경 초안 2백여 건을 넘겼다.

대산 종사는 자신에게 여섯 가지 물음[육문(六問)]을 끊임없이 하면서 공부표준으로 삼았다. 자신의 신심과 공부가 영생을 일관하여 깨달음의 길에서 일탈되지 않도록 살피고 살피며, 반조하고 반조하면서 피나는 적공을 했다.

2) 수위단 중앙위에 피선되다

원기 38년 제1대 성업봉찬대회 기념식장(원광대학 광장).

원기 38년에 제1대 성업봉찬사업의 일환으로 「대종사 성비」를 총부 송림 「대종사 성탑」 우측에 세우는 등 각종 사업으로 제1대를 마무리하고 제2대를 출발하며 대산 종사가 수위단 중앙위에 피선되었고, 법호를 「대산(大山)」이라 받았으며 교정원장에 취임하여 교단의 행정을 이끌기 시작했다.

원기 43년 건강악화로 교정원장을 사임하고 이듬해부터 3년여 동안 중앙선원장으로 근무했다. 중앙선원장으로 근무하며 정산 종법사의 뜻에 의해 시작한 정관평 재방언공사 고문으로 영산에 가서 3년여를 요양하며 조력했다.

대산 종사는 직접 공사장에는 나가지 않고 인부들 뒤치다꺼리만 했다. 틈나는 대로 정산 종법사가 소태산 대종사의 생애를 10상(十相)으로 구분한 내용을 연마했다. 초안을 잡아서 벽에 걸어 놓고 연마하기를 오래 하니 우연히 한 구절씩 떠올라 정리해서 정산 종법사께 올렸다. 정산 종법사가 매우 흡족해하며 "앞으로는 『정전(正典)』이나 『대종경(大宗經)』도 10상처럼 간략히 정리를 해야 할 것이다"라고 하면서 정리해 보라고 했다.

대산 종사는 원기 46년 여름에 영산에서 나와 전라북도 변산반도 하섬으로 들어갔다. 그동안 『대종경』 초안을 하면서 연마했던 『정전』의 내용을 정리하기 위해서였다.

당시 하섬은 생수가 없어 곤란을 겪고 있었다. 대산 종사가 하섬에

대산 종사가 영산에서 요양하며 고문으로 참여한 정관평 재방언공사 광경.

대산 종사가 요양하며 『정전대의』를 초안했던 부안군 변산반도 하섬 전경.

제1부 대산 김대거 종사의 생애

머무는 동안 우물을 파기 시작했다. 사흘 동안 땅을 파도 물은 나오지 않았다. 일하던 사람들이 그만 포기하려고 했다. 대산 종사가 사흘만 더 파보자고 했다. 이병은이 두 말 없이 다시 파기를 삼일 째 되는 날 생수가 솟아올랐다. 이로써 하섬은 식수가 해결됐다. 대산 종사는 소태산 대종사의 은혜가 은생수(恩生水)이니 우물 이름을「은생수(恩生水)」라 했다. 은생수는 하섬의 감로수 역할을 했다.

대산 종사는 하섬에서『정전대의』를 초안하고「교리실천도해」를 구상하여 총부로 돌아왔다.

3) 신도안을 개척하라는 말씀 받들다

이 무렵 정산 종법사는 자주 편찮았다. 제1대 성업봉찬을 앞두고 발병한 정산 종법사의 병세는 날로 악화되어 원기 46년 가을, 서울대병원에 입원하여 치료했다. 대산 종사는 정산 종법사를 간병했다.

정산 종법사는 간호 차 드나드는 대산 종사를 보고 "내 걱정은 하지 말고 어서 내려가 신도안 땅을 준비하라"고 하여 총부에 내려왔다.

계룡산 신도안은 원기 21년 봄에 소태산 대종사가 이공주·전음광 두 제자와 찾은 곳으로「불종불박(佛宗佛朴)」이라 새겨진 바위를 보고 미소를 지었다고 전해지는 곳이다.

원기 43년 정산 종법사는 성정철과 조갑종을 보내 답사하게 하고 이듬해 가을「불종불박」이란 글자가 새겨진 바위 옆에 초가집 한 채를 매입했다. 남선교당을 이전하여「신도교당」이라 이름하고 신도안 개척을 시작했다.

정산 종법사는 계룡산에 대해 "우리 회상이 영산에서 탁근(托根)하고, 신룡에서 개화(開花)하며, 계룡에서 결실(結實)하고, 금강에서 결복((結福)하리라"고 예견하며, 원불교 학생들의 소풍도 신도안으로 다녀오라고 할 만큼 각별했다. 이처럼 신도안에 대해 특별한 관심을 가졌던 정산 종법사의 말씀을 받들어 대산 종사는 재무부장 성정철 등 몇 사람과 신도안을 찾아갔다.

정산 종법사의 말씀 받들어 신도안을 찾아 「불종불박」 바위를 바라보는 교역자들.

신도교당에는 심익순 교무가 좁쌀 밥으로 연명하면서 고생을 하고 있었다. 대산 종사 일행은 그곳을 둘러보고 왔다. 처음 정산 종법사가 시봉금 일부를 하사하고 보화당과 시내 각 기관의 협조를 얻어 한 평 두 평 매입하기 시작했다.

정산 송규 종사의 발인식장(원광대학 운동장).

10. 종법사에 취임하다

1) 정산 종법사 열반하다

  정산 종법사가 서울대학교 병원에서 치료에 효험을 못 보고 총부로 돌아왔다. 원기 47년 1월 22일, 정산 종법사가 "누가 한번 삼동윤리(三同倫理)를 설명해 보라" 하자 시자의 청을 받은 대산 종사가 「동원도리 동기연계 동척사업」의 삼동윤리를 설명하며 "이는 곧 대종사님의 일원대도에 근거한 대 세계주의로서 스승님께서 말씀하신 천하의 윤리요 만고의 윤리가 되나이다"라고 설명했다. 설명을 들은 정산 종법사는 "그 말이 옳다"고 했다.

  정산 종법사는 원기 47년 1월 24일, 법랍 45년, 종법사 재임 20년, 63세로 열반했다. 은사형(恩師兄) 법사형(法師兄) 심사형(心師兄)으로 모시고 공부했던 정산 종법사의 열반은 대산 종사에게 새삼 무상도리를 절감케 했다. 나흘 후 원광대학 운동장에서 정산 종법사의 교회전체장 발인식을 거행했다.

대산 김대거 종법사 추대 법장 수여(총부 대각전).

대산 김대거 종법사 추대식 기념 수위단원 일동과 함께(총부 대각전).

2) 종법사위에 오르다

대산 종사는 정산 종법사의 발인식을 마치고 '신도안을 개척하라'던 정산 종법사의 유촉을 받들기 위해 계룡산 신도안으로 바로 들어갔다. 원기 47년 1월 31일,「원불교 교헌」에 의한 종법사 선거에서 신도안에 머물던 대산 종사가 신임 종법사에 당선됐다.

정광훈이 신도안으로 찾아가서 종법사 당선자인 대산 종사를 총부로 모셔왔다. 총부에서는 새 종법사보다 나이가 많은 원로들이 많이 있었다. 40대의 젊은 새 종법사가 총부에 오자 대중들은 새 종법사를 어떻게 예우해야할 지 어리둥절했다. 소태산 대종사와 정산 종사에 대해 오랫동안 절대적인 신성을 바쳐온 대중들이었기 때문에 새 종법사에 대해서 생소한 점이 많았다.

새 종법사 보다 18세나 많은 이완철이 남 먼저 앞으로 나아가 대중들 앞에서 "대산 종법사님 같은 어른이 없었다면 법통을 누가 받을 것인가. 얼마나 다행스런 일인가. 우리 교단의 큰 복입니다. 새 종법사님 잘 받들어서 대종사님과 정산 종사님의 뜻을 더욱 잘 실천합시다" 하고 오체투지로 절을 올리자 대중들도 이완철을 따라 오체투지로 절을 올리고, 잘 받들 것을 다짐했다.

원기 47년 2월 23일, 종법사 취임식이 총부 대각전에서 거행됐다. 대산 종법사는 취임식에서 '소태산 대종사와 정산 종사의 유업을 계승하자'고 호소했다. 그리고 25일 교정위원 선서식에서 "대종사님과 정산 종사님은 거듭나신 성자요, 진리의 소유자 도덕의 소유자 인(仁)의 소유자이며, 마음의 태양이 솟아오르는 성자"라고 찬양하고, 소태산 대종사와 정산 종사의 경륜을 실현하기 위해서 '세계적 종교로의 준비와 법의 등불을 밝히며, 묵어있는 마음 밭을 다시 계발하자'고 했다.

3) 신도안으로 다시 가다

대산 종법사는 취임식을 마치고 계룡산 신도안으로 다시 들어가 신도안을 개척하기 시작했다. 원기 52년에 소태산 대종사의 일원대도에 바탕하여 정산 종사의 삼동윤리 사상을 실천하기 위한 「삼동수양원」을 설립했다.

삼동수양원에는 숙소가 부족했다. 대산 종법사가 원장 이병은에게 "저기 변소 간에 방을 들이라. 내가 거기 있겠다"고 했다. 이병은은 시키는 대로 엄동 추위도 아랑곳 않고 찬물에 맨발로 흙을 이겨 변소를 고쳐 방으로 만들었다. 방에 불이 잘 안 들어가 고치기를 수차 거듭하는 것을 보고 대산 종법사는 "동산(이병은)은 구정 선사보다 더 큰 신심을 가졌다"고 했다.

대산 종법사가 신도안의 옹색한 오두막집에 계속 주석하였으나 총부에서는 예산이 부족하여 조실 시봉비를 제대로 책정하지도 못했다.

대산 종법사는 종법사위에 오른 후 20여 년간을 주로 신도안 오두

신도안 삼동원을 찾아온 학생들을 맞는 대산 종법사.

신도안 삼동원에서 대산 종법사의 지도로 돌담 쌓는 모습.

막에서 돌밭을 일구며 돌담을 쌓는 간고함 속에 재가출가 교도들을 접견하고 훈련하며 삼동원 개척에 심혈을 기울였다. 그러나 원기 68년에 신도안이 종합 군부시설 건설의 정부시책에 따라 신도안 일대의 종교단체나 주민들이 모두 철수하게 됐다. 그리하여 삼동원을 논산시 벌곡 천호산으로 옮겨 훈련도량으로 다시 출발했다.

11. 교화를 꽃피우다

1) 개교반백년을 준비하다

대산 종법사가 취임 이후 원기 49~56년까지 추진한 개교반백년기념사업은 교세의 황금기를 이루었다.

소태산 대종사가 교단 초창기에 '사오십년 결실(結實)이요 사오백년 결복(結福)이라'고 말했다고 전해온다. 여기에 근거하여 일제의 압정과 한국전쟁의 수난을 겪으면서도 줄기차게 발전해 온 교단이 개교반백년 대를 맞아 새로운 전환을 모색하게 됐다.

원기 49년에 「개교반백년기념사업회」를 발족하고, 이로부터 재가 출가가 일심 합력하여 '다가오는 반백주년 정성 다해 꽃피우자' '반백년 기념성업 뭉쳐서 한 맘으로' '재가출가 합력하여 일원성업 이룩하자' '반백년 기념성업 합력하여 이룩하자'는 표어를 내걸고 각종 사업을 추진하며 교단의 총력을 집중했다.

원기 50년에 대산 종법사는 교도 법위향상운동을 위한 특별유시를 발표하고 천여래(千如來) 만보살(萬菩薩) 배출을 위한 법풍을 불러 일으켜 원기 56년 9천여 명의 교도를 대상으로 법위사정을 실시했다. 이후 원기 62년에는 생존인을 법강항마위까지 사정하고 이어 출가위와 대각여래위까지 사정하기 시작했다.

교서발간 사업은 정산 종사가 추진하였으나 반백년기념사업을 계기로 본격적으로 추진됐다. 대산 종법사는 취임 후 바로 교서 편찬을 독려했다. 그리하여 정산 종사 열반 후 9개월 만인 원기 47년 9월에 『정전』과 『대종경』을 합간한 『원불교 교전』이 발간됐다. 그 후 원기 50년 『불조요경』, 원기 53년 『원불교 예전』 『원불교 성가』, 원기 57년 『정산종사 법어』, 원기 60년 『원불교 교사』를 발간하고 이때까지 발행한 각종 교서를 합쳐 원기 62년 『원불교 전서』를 발간함으로써 교서편찬기관 「정화사(正化社)」의 업무가 마무리됐다.

원기 40년대까지는 교단의 규모도 작고 단순했으며 소태산 대종사와 정산 종사의 절대적인 권위로 교단을 운영했으나 사회현상이 산업화가 되면서 구성원들의 성격도 다양해졌다. 이러한 변화를 예견한 대산 종법사는 원기 47년 종법사 취임사에서 법치교단 운영을 희망했다.

원기 33년에 제정한 「원불교 교헌」을 원기 44년 1차 개정에 이어 대산 종법사가 원기 49년 2차 개정을 하고 각종 법규를 제정하여 법치

원기 47년 7월 14일. 신도안 동용추에서 『원불교 교전』을 최종 감수하는 대산 종법사.

교단의 면모를 갖추어 갔다. 그런가 하면 훈련 강화로 각종 훈련기관을 설립하여 교도훈련·국민훈련을 강화하기 시작했고, 각종 봉공기관을 설립하여 다양한 형태의 봉공활동을 적극적으로 전개했다.

2) 세계종교연합운동을 전개하다

원기 50년, 대산 종법사는 2기 종법사 취임법문에서 '하나의 세계'를 강조하고 종교연합운동을 주창하며 세계적인 종교연합기구의 창설을 염원했다. 대산 종법사는 개교반백년기념식에서 결의문 채택 중 하나로 '국제적인 종교연합기구를 통하여 모든 종교의 교리적 융통과 종교적 공통과제를 토의 한다'고 했다.

종교연합운동에 대한 노력의 일환으로 천도교 최덕신 교령이 원기 57년에 총부를 방문하고, 이에 대산 종법사도 원기 59년에 서울 천도교 중앙총부를 답방하여 상호간 우호협력을 다졌다. 그 후 한국 6개 종단이 「한국종교인협의회」를 구성하는데 원불교가 앞장서고 종교간 대화운동을 전개했다. 원기 60년에는 세계종교연합기구 창설을 제안하고, 원기 69년에 한국을 방문한 천주교 요한 바오로 2세 교황을 만나 종교연합기구(UR) 창설을 제안하는 등 세계종교연합운동을 꾸준히 전개했다.

3) 교화의 황금기를 이루다

8년간의 반백년기념사업을 마무리하는 기념대회를 원기 56년 10월

천도교 최덕신 교령이 총부를 방문하여 대산 종법사와 함께(반백년기념관).

대산 종법사가 천도교 중앙총부를 방문하여 최덕신 교령과 함께 (서울 천도교 대교당).

천주교 교황 요한 바오로 2세가 한국 방문 시 면담하는 대산 종법사.

원불교 개교반백년기념대회식장 전경.

　대산 종법사의 '진리는 하나, 세계도 하나, 인류는 한 가족, 세상은 한 일터, 개척하자 하나의 세계' 라는 주제로 익산총부와 영산성지에서 거행했다.

　건축사업인 총부「영모전」의 낙성식 및 묘위봉안 봉고식,「정산종사 성탑」제막식, 소태산 대종사의 대각개교기념「만고일월(萬古日月)」비를 영산성지 노루목에서 제막하고, 개교반백년기념식을 원광대학 광장에서 3만여 명의 교도와 국내외 각계 인사 2백여 명이 참석한 교단 최대 행사로 진행했다.

원불교 개교반백년기념사업으로 건립한 정산 종사 성탑 앞에서 교단 간부들과 함께(56. 10. 9).

개교반백년기념사업의 하나로 교화 3대목표인 '연원달기 · 교화단 불리기 · 연원교당 만들기'를 8년간 추진하여 교세가 2배 이상 확장됐다.

원불교는 반백년기념사업을 분수령으로 호남의 원불교에서 한국의 원불교로 발돋움하게 되었고, 세계종교로 발전하려는 새로운 출발을 하게 됐다. 한국 사회에서도 차츰 관심과 격려를 보내기 시작했다.

영산성지 노루목 소태산 대종사 대각개교기념 「만고일월」비 제막식 광경.

4) 해외교화를 촉구하다

대산 종법사는 해외교화를 강력히 촉구했다. 원불교의 해외교화는 소태산 대종사 당대인 원기 16년 불법연구회 회장인 조송광이 일본 대판에서 교화를 시작하였으나 시국의 긴박한 사정으로 중단되었다.

그 후 여러 방면으로 준비하다 원기 41년에 원광대학 학장인 박광전이 미국 국무성 초청으로 구미 10개국을 순방하고 해외교화의 가능성을 타진했다. 그 후 외국 종교단체나 종교회의와의 교류가 전개됐다.

대산 종법사는 원기 57년에 이제성을 미국 로스앤젤레스교당에 파견하고, 이듬해 정자선을 시카고교당에 파견한 후 차츰 교무들을 파견해 나갔다. 그리하여 원기 60년대부터 교단 창립 제2대 말(원기 72년)까지 해외교당 1백개 설립을 촉구했다.

교단 행정과 교화활동을 효율적으로 추진하기 위하여 편의상 일정한 지역 내의 여러 교당을 하나로 묶어 설정한 교당 연합체인 교구제 시행을 위하여 교구 규정을 제정하고, 원기 62년부터 12개 교구로 교구제를 실시하여 교구 교화체제를 확립해 나갔다. 이듬해 해외 1개 교구를 신설하였으며, 원기 71년부터 교구를 분리 또는 통합하는 변화를 가져왔다.

5) 천여래 만보살을 염원하다

원기 60년은 교단 창립 제2대 제2회 말에 해당된다. 제2대 제2회 기념총회를 원기 62년 11월에 총부 영모전 광장에서 재가출가가 모여 기념총회를 거행했다. 개교반백년기념대회를 한지 얼마 되지 않았으나 교단 제3대를 내실 있게 새 출발을 다짐하는 기념총회였다.

대산 종법사는 "교단 제2대 말까지 교단의 기초 작업을 다져야만

교단 창립 제2대 제2회 기념총회에서 법훈증을 수여하는 대산 종법사(영모전 광장).

교단 만대가 반석위에 놓이게 된다"며 "대종사님께 보은하고 교단 만대를 튼튼히 다지는 일은 훈련을 통해 천여래 만보살의 배출이요 다 같이 이 일에 동참하자"고 호소했다.

기념총회에서는 제1대 성업봉찬기념대회 때 법훈증만 수여하고 법훈장을 수여 못한 송도성에게 종사장, 김광선과 이공주에게 대봉도장, 황정신행에게 대호법장을 수여하고, 제2대 제2회 대상자로 김기천·이완철·이동진화·조전권에게 종사장을, 이재철·오창건·이동안·송혜환에게 대봉도장을, 송경심·오철환에게 대호법장을 수여했다.

대산 종법사는 이 무렵부터 수많은 종사·대봉도·대호법의 배출을 간절히 염원하면서 훈련을 강조했다.

　기념총회에 이어 중앙훈련원 신축봉불식에서 대산 종법사는 "세상의 뿌리는 도덕이요, 도덕의 뿌리는 회상이며, 회상의 뿌리는 성인이요, 성인의 뿌리는 대각이며, 대각의 뿌리는 바로 훈련"이라며 훈련의 중요성을 강조했다.

　이에 교단에서는 원기 68년에 완도소남훈련원, 원기 70년에 제주국제훈련원, 원기 81년에 미국 하와이국제훈련원을 설립하는 등 각처에 훈련원을 설립 또는 신축하고 각종 훈련을 강화하며 오로지 훈련으로 천여래 만보살 배출을 염원했다.

6) 시련을 딛고 서울회관을 완공하다

　개교반백년기념사업의 일환으로 호남의 원불교가 한국의 원불교로 발돋움하기 위해서는 서울로 진출하자는 여론이 자연스럽게 형성되었다. 원기 55년 서울교화의 거점을 마련하기 위해 교단적 기대와 염원 속에 「원불교 서울회관」 건축공사가 시작됐다. 그러나 공사 초반에 예상 못했던 경제적 법률적 난관에 부딪쳤다. 이는 경험부족과 의욕과잉에 의해 문제가 발생하여 개교반백년기념대회를 1년 앞두고 사업이 좌절됐다.

　서울회관 건립을 포기하자는 여론에도 불구하고 그래도 다시 한 번 일을 성공시켜보자는 방향으로 교단의 의지를 모았다. 그 후 수많은 시련과 우여곡절 끝에 10여 년의 시간을 보내고서야 원기 65년 10월,

서울회관 건립 재공사 기공 봉고식을 올리고 신축공사를 속개했다.

대산 종법사는 교단이 큰 어려움에 부딪치게 된 원인을 분석하고 문제 해결을 위해 "재가출가가 서로 주인이 되고 책임자가 되어 난국 수습에 정성을 다해 노력하자"고 당부했다.

원불교 서울회관 봉불낙성식에서 테이프를 자르는 대산 종법사와 교단내외 인사들.

대산 종법사를 비롯한 재가출가 전 교도가 일치단결하여 부채청산·좌절·실의·포기·재분발의 우여곡절의 12년이란 세월을 이기고 원기 67년 10월, 수도 서울의 제1한강교 옆에 「원불교 서울회관」을 완공했다. 봉불낙성식 및 대법회에서 대산 종법사는 교도들의 우레와 같은 박수에 답례하며 '정신수양·사리연구·작업취사의 삼학공부'에 대한 법문을 설했다.

서울회관은 교단 초유의 사건으로 정신적 경제적 상처도 크고, 쏟은 노력이 컸기에 어려운 여건 속에 교단은 더욱 화합단결 되었고, 재가출가가 다함께 주인이 되었으며, 격변하는 사회에 적응할 수 있는 능력과 경험을 축적했다. 일반 사회에서도 원불교의 능력을 새롭게 평가하며 큰 기대와 관심을 보여주었다.

7) 교단 창립 3대를 열다

원기 68년 11월, 「원불교창립제2대 및 소태산대종사탄생100주년성업봉찬회」를 발족했다. 원기 72년은 원불교 창립 제2대 말이 되는 해이고, 원기 76년은 소태산 대종사 탄생100주년이 되는 해이다. 이에 원기 69년부터 두 가지 기념사업을 추진하기 시작했다.

원불교 창립 제2대를 경축하고 제3대를 새롭게 맞이하기 위하여 기념사업의 주제를 '온 누리에 은혜를!'로 정하고, '자신에게 법력을, 동포에게 새 빛을, 스승님께 보은을'의 세 가지 강령으로 기념사업을 추진했다.

대산 종법사는 두 가지 기념사업을 효과적으로 추진하도록 '재가 출가 전 교도가 대적공 대보은 대봉공 기간'으로 정하고 '일원세계 보은세계 균등세계를 건설하고, 일원대도 영겁법자 일원회상 영겁주인이 되는 기간이 되도록 하자'고 했다.

원불교 창립 제2대 성업기념대회 광경(원광대학교 체육관)과
기념대회 법문을 하기위해 법장을 치는 대산 종법사(원안).

　전 교도의 정성을 결집하여 보은사업으로「대종사 성탑」장엄과 「정산종사 성탑」중건, 문화공연과 원불교 70년을 정신사적 면에서 정리하고, 원불교 72년사를 정리하는 등 다양한 사업을 펼쳤다. 원기 73년 11월, 기념대회에서 창립 유공인 성적을 발표했다. 대산 종법사는 기념법문에서 "창립 제2대에는 법위향상운동과 인재육성으로 성년 교단으로 발전하기 위해 노력해왔다. 이제 창립 제3대에는 하나의 세계를 향해 밀려오는 국가와 세계의 대운을 마음껏 활용하여 광대무량한 낙원세계를 건설해 가자"고 강조했다.

　원불교 창립 제3대에는 급격히 변화하는 사회에 능동적으로 대응

하기 위해서 교단도 모든 면에서 새롭게 출발하자는 기대와 염원이 뜨겁게 불타올랐다. 제3대를 어떻게 열어 가느냐에 따라서 원불교가 어떻게 발전할 것인가가 결정될 것이라는 인식이 깊어졌다.

소태산 대종사 탄생100주년 기념사업으로 문화행사, 기념출판, 종교·학술행사, 「소태산 대종사 기념관」 건축을 비롯한 건축사업, 은혜심기운동 전개 등 많은 사업을 추진했다.

원기 76년 4월, 중앙총부와 원광대학교 대운동장에서 5만여 명의 재가출가와 국내외 초청인사가 모인 「소태산대종사탄생100주년기념대회」 기념법문에서 대산 종법사는 "대종사 탄생100주년을 맞이하여 우리는 주인의 생활로, 감사의 생활로, 평등의 생활로, 일심 청정의 생활로, 낙원의 생활을 하며, 천권에서 인권으로, 천존(天尊)에서 만생 존중으로, 새 천기가 열려가니 새 세상의 주인 되어 새 문명을 건설하는 역군이 되자"고 했다. 기념대회에서는 5개 항의 선언문도 채택 발표했다.

원불교 창립 제2대 말에 종사 16인, 대봉도 49인, 대호법 33인의 법훈을 서훈했는데 약 2년 반 만에 다시 소태산 대종사 탄생100주년을 기념한 법위사정에서 종사 31인, 대봉도 8인, 대호법 34인이 법훈을 서훈했다.

이 법훈식에는 주산 송도성이 정식 대각여래위(大覺如來位)로 추존되었고, 대산 종법사는 교단 사상 최초로 생전 정식 대각여래위로

소태산 대종사 탄생100주년 기념대회 광경(원광대학교 대운동장).

소태산 대종사 탄생100주년 기념대회에서 법문을 하기 위해 법장을 치는 대산 종법사.

소태산 대종사 탄생100주년 기념대회 선언문

1. 우리는 개교 정신인 진리적 종교의 신앙과 사실적 도덕의 훈련으로 인류의 정신을 개벽하고, 이 지상에 광대 무량한 낙원세계를 건설한다.
2. 우리는 대종사님께서 깨치신 일원대도를 체득하여 모든 종교와 사상과 만 생령을 하나로 보고 하나의 세계 건설의 역군이 된다.
3. 우리는 대종사님께서 천명하신 삼학 수행과 사은의 윤리를 체득하여 다 같이 활불이 되고 상극의 기운을 상생으로 돌려 온 누리에 자유와 은혜가 충만하게 한다.
4. 우리는 대종사님의 병진과 조화의 정신을 체득하여, 영육을 쌍전하고 과학과 도학을 아울러 나아가 이 지상에 참 문명세계를 건설한다.
5. 우리는 정교동심과 종교연합운동으로 국운과 도운을 아울러 개척하고 민족의 숙원인 평화통일과 세계평화에 기여한다.

승급하여 대각여래위의 문을 열었다. 이렇게 많은 법훈자가 배출된 것은 교단의 외형적 팽창에만 그치지 않고 공부하는 교단으로서 자리매김하기위해 재가출가의 법위향상을 강조한 대산 종법사의 간절한 염원에 따른 것이다.

원불교 창립 제2대 제2회 말, 창립 제2대 말, 소태산 대종사 탄생 100주년에 법위사정을 양성화하여 천여래 만보살의 문호를 열었다.

12. 열반하다

1) 비닐하우스에서 법을 설하다

대산 종법사는 『원불교 예전』 정신에 바탕하여 조상들에게 영안의 안식처를 만들어 보본의 도리를 다하고자 설립한 왕궁영모묘원(王宮永慕廟院)에 원기 73년 5월부터 상주했다. 영모묘원 농기구를 보관하던 조립식 창고를 개조하여 대산 종법사가 생활했다. 조립식 조실은 여름에는 한 없이 더웠다. 그리고 겨울에는 추위 바람구멍을 온통 비닐로 봉했다.

교도들과 외빈의 접견이 많아져 뒤꼍에 20여 평 비닐하우스를 짓고 대중을 접견하다가 차츰 하우스를 넓혀갔다. 비닐로 둘러싸인 하우스 접견실은 초라했으나 이곳에서 교단내외의 수많은 인사를 접견하며 법문을 설했다.

외부 인사 중 한 사람이 대산 종법사를 만나려고 왕궁에 왔다. 시자가 비닐하우스로 안내하자 '나를 왜, 닭장 속으로 데리고 가는가?'

대산 종사가 10년간 거처한 왕궁영모묘원 내 상사원 전경.

왕궁영모묘원 비닐하우스에서 재가출가 교도들을 접견하는 대산 종법사.

하고 의아해 하기도 했다고 한다. 그러나 대산 종법사를 만난 사람들은 소박한 풍모와 범접할 수 없는 법력에 고개가 저절로 숙여지곤 했다.

대산 종법사는 평생 소태산 대종사와 정산 종사 보다 더 나은 집에서 기거하여 본 적이 없다. 신도안에서도 좋은 집 지으려고 하면 절대 못 짓게 하고, 원평에서도, 그 어느 곳에서도 고개 숙이고 들어가는 초가삼간에서 생활했다. 일상생활이 검소함과 평범함의 그 자체였다.

대산 종법사는 교단 초창기 선진들을 모신 왕궁영모묘원에서 평생을 소자·소제·소동으로 일관해온 겸허한 성심으로 살았다.

원기 78년 10월, 수계농원을 순시한 대산 종법사는 "대종사님께서 친히 마련해주시고 정산 종사님께서 수호하셨던 농원을 다시 중흥하라"고 했다. 이듬해 종법사를 퇴임한 후에도 5년 동안 매일 요양 차 수계농원을 내왕하며 정전마음공부 및 축산 등으로 농원의 위상을 재정립할 수 있도록 힘 밀어 주었다.

2) 평화는 오리 평화는 오리

원기 79년 5월, 법위승급식에서 대산 종법사는 대각도인과 대봉공인이 많이 배출되기를 기원했다.

이 산하대지(山河大地)에
천화(天花)가 만건곤(滿乾坤)하니
평화는 오리 평화는 오리

따라서 교단에 천불만성(千佛萬聖)이 발아(發芽)하고
억조창생의 복문이 열려서
무등등한 대각도인과
무상행의 대봉공인이
많이 나오리 많이 나오리니
다 같이 대적공(大積功) 대적공 대적공하고 대적공하리로다.

대산 종법사는 간절히 평화를 염원하며 대적공을 통해서만 진정한 평화가 오리라고 역설한 것이다.

3) 교단의 초석을 다지고 퇴임하다

대산 김대거 종법사 퇴임과 좌산 이광정 종법사 취임식인 대사식장(총부 영모전 광장).

대산 종법사는 원기 47년 종법사에 취임하면서 종법사의 임기는 보궐 임기를 제외하고 2기까지만 하는 것이 좋겠다는 뜻을 밝혔었다. 그러나 교단의 상황이 취임 때의 뜻대로 되지 않았다. 대산 종법사까지는 임기제에 구애 받지 말자는 교단적 정서가 형성되었기 때문이

종법사를 퇴임하는 대산 종사와 신임 종법사 좌산 이광정 종사가 대사식을 앞두고.

다. 대산 종법사는 33년간 6차에 걸쳐 종법사직에 재임하며 원불교를 세계적 종교로의 초석을 세워나갔다.

원기 79년 11월, 대산 종법사는 생전에 종법사를 퇴임하여 「상사(上師)」에 추대됐다. 교단 최초로 거행하는 종법사 대사식(戴謝式)에서 "나는 33년간 두 스승님들의 화신이 되어 큰 경륜과 포부를 받들고 이어갈 그 마음 그 몸 그 행으로 전 교도와 더불어 함께하려는 마음뿐이었다" 하고, 결론으로 그동안 끊임없이 제창해 온 삼동윤리와 종교연합운동의 계승을 당부하며 퇴임법문을 마무리했다.

대산 종법사의 퇴임법문에 이어 좌산 이광정 종사가 종법사 취임법문으로 새로운 시대를 열었다.

대산 종사의 신상(身上)

○ 대산 김대거 종사의 신장은 164㎝, 몸무게는 68㎏, 혈액형은 O형이다.
○ 두상은 크고, 백회 부위에 큰 점이 있다.
○ 손발은 작고 손가락 끝은 갸름하고, 신발은 265㎜로 털신을 주로 신었다.
○ 복부(단전부위)는 표주박처럼 둥글었으나 평소 복부가 냉했고, 한쪽 폐가 없어서 감기에 약했다.

○ 옷은 한복, 양복 2벌(겨울, 춘추복), 등산복 1벌, 국민복 1벌, 양복은 어쩌다 한두 번 입고 한복을 주로 입었으며, 여름에는 모시옷을 즐겨 입었다.

○ 음식은 소식하며, 담백하고 청정한 채소나 생선을 먹었으며, 여러 가지 반찬을 금했고, 밥은 고두밥을 즐겼으며, 아침은 간단하게 빵과 과일을, 점심과 저녁은 식사를 했다.

4) 나에게 더 이상 묻지마라

대산 종사는 원기 79년에 종법사에서 퇴임하고 상사로 추대된 후 상사원(上師院)을 그동안 사용해오던 왕궁영모묘원 조립식 집으로 정하고 교단의 스승으로 말년을 보내며 정양했다.

대산 종사는 종법사 재임동안 훈련강화를 주창하며 전국 각지에 훈련원을 연이어 건립, 심전계발의 터전을 마련했다.

원기 52년 정산 종사의 유지를 받들어 삼동원 개척을 시작했다. 이는 인류심전계발운동의 일환이며 그 첫 사업으로 훈련원 건축불사에 힘을 쏟은 것이다. 그리하여 국내와 해외에 훈련원을 설립하여 전 교역자와 전 교도에게 훈련의 필요성을 공감하게 했고, 원불교의 중요한 정체성으로 자리매김하게 했다.

대산 종사는 원기 59년 신촌교당 봉불식 후 옥상에 올라 "앞으로 하와이 가서 한 3개월 있다 오자"고 했다. 그 후 완도소남훈련원에서 "소남훈련원은 제주도의 관문이고, 제주도는 세계교화의 전초지다"고 하며 미국에 훈련원 준비를 염원했다.

해외교화 특히 미국교화에 큰 원력을 세우고 30여 년 전부터 미국 행가를 염원해 오다가 원기 81년 5월에 도미하여 약 3개월여 동안 머물며 하와이국제훈련원 봉불식에 임석하는 등 해외교화에 큰 기운을 불어넣고 귀국했다.

하와이국제훈련원 봉불식에 다녀온 대산 종사는 "나의 일은 다 끝

미국 하와이국제훈련원에서 귀국 전 기념 촬영한 대산 종사.

났다"고 하며 지금까지 수 없이 그려오던 일원상[○]을 더 이상 안 그렸다. 그리고 이듬해에 재가출가 교도들에게 "나에게 더 이상 묻지 마라" 하고, 최후 염원을 담은 「기원문 결어」로 원력을 뭉치고 정양했다.

 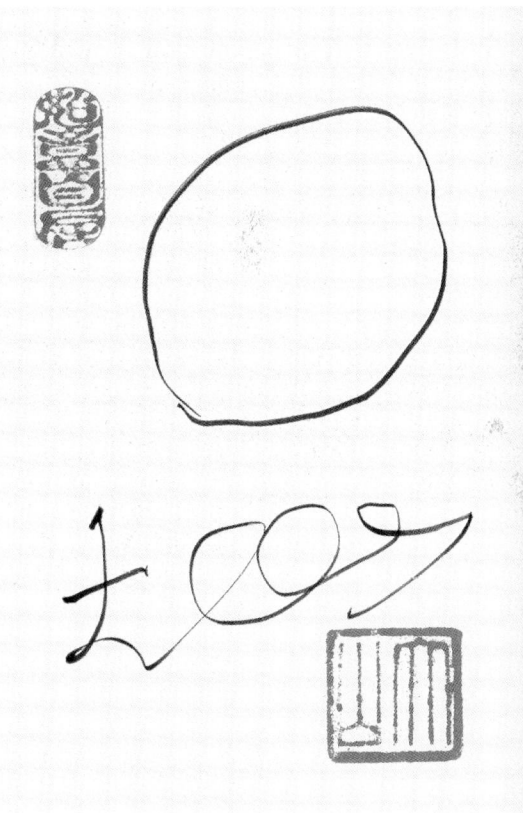

왕궁상사원에서 일원상을 그리는 대산 종사.   대산 종사가 그린 일원상.

기원문 결어

(一)

一相圓 中道圓 十方圓

(일상원 중도원 시방원)

主世佛「佛日重輝 法輪復轉」

(주세불「불일중휘 법륜부전」)

祖師「佛日增輝 法輪常轉」

(조사「불일증휘 법륜상전」)

(二)

世界復活 道德復活 會上復活 聖人復活 마음復活

(세계부활 도덕부활 회상부활 성인부활 마음부활)

네 가지 訓練「自身訓練 敎徒訓練 國民訓練 人類訓練」

네 가지 훈련「자신훈련 교도훈련 국민훈련 인류훈련」

(三)

大誓願 大精進 大佛果 大佛供 大自由 大合力

(대서원 대정진 대불과 대불공 대자유 대합력)

大懺悔 大解寃 大赦免 大精進 大報恩 大進級
(대참회 대해원 대사면 대정진 대보은 대진급)
一圓會上 永劫主人 一圓大道 永劫法子
(일원회상 영겁주인 일원대도 영겁법자)
千佛萬聖發芽 億兆蒼生開福
(천불만성발아 억조창생개복)
無等等한 大覺道人 無相行의 大奉公人
(무등등한 대각도인 무상행의 대봉공인)

(四)
大宗師님의 一大經綸「濟生醫世」
(대종사님의 일대경륜「제생의세」)

진리는 하나, 세계도 하나, 인류는 한 가족「이 세계는 하나의 마을, 이 세계는 하나의 가족, 이 세계는 하나의 세계」
세상은 한 일터, 개척하자 하나의 세계

간절히 심고 올리는 대산 종사.

대산 종사의 열반상(총부 종법실).

대산 종사 발인식장(총부 영모전 광장).

5) 대산 종사 열반에 들다

대산 종사는 총부 종법실에서 대중에게 '진리는 하나 세계도 하나 인류는 한 가족 세상은 한 일터 개척하자 하나의 세계'라는 게송을 전하고 원기 83(1998)년 9월 17일, 대중이 지켜보는 가운데 열반에 들었다.

대산 종사의 세수는 85세, 법랍 70년, 종법사 재위 33년, 법위는 정식 대각여래위이었다.

대산 종사는 오늘날 원불교의 굳건한 정초(定礎)를 닦아 소태산 대종사와 정산 종사의 경륜을 이 회상 만대에 이어가도록 큰 방향로를 마련했으며, 심전계발운동・세계인류공동시장개척・종교연합운동의 인류평화 3대 운동을 제창해 인류가 나아갈 바를 선도했다.

새 회상 원불교에 '소태산 대종사가 하늘[天]이고 만고일월(萬古日月)이라면 정산 종사는 땅[地]이고 만고신의(萬古信義)이며, 대산 종사는 사람[人]이고 만고대의(萬古大義)로' 천지인(天地人) 삼재(三才)의 성인이라 할 수 있다.

제2부

일화로 만나는 대산 종사

1. 만덕산
2. 탄생과 집안
3. 출가
4. 가정생활
5. 요양과 적공
6. 서울생활
7. 대종경
8. 각처에서 일화
9. 종법사 당선
10. 신도안 개척
11. 왕궁 정양
12. 열반

※ 소태산 박중빈 대종사를 소태산 대종사라 칭함.
※ 정산 송규 종사, 정산 종법사를 정산 종사라 칭함.
※ 대산 김대거 종사, 대산 김대거 종법사, 대산 김대거 상사를 대산 종사라 칭함.

1. 만덕산

1) 만덕이라 참 좋다

　승산 양제승 종사의 구술을 농타원 이양신 교무가 전한 내용을 정리한 이야기이다.

　소태산 대종사가 원기 7년 말(음) 사산 오창건과 주산 송도성을 대동하고 만덕산 만덕암(산제당)에 첫 행가(行駕)하여 3개월 적공할 때 말씀하였다.

　"만덕(萬德)이라! 만덕! 좋은 이름이요. 안 그렇소? 사산."

　"돌멩이 하나, 풀 한 포기에도 불성이 어린 듯 합니다."

　"옳지! 신심이 목석에까지 이르거늘 사람이야 말해 무엇하리요."

　"이렇게 앉아 있기만 해도 절로 선(禪)이 될 것만 같습니다. 선방을 차리면 필시 많은 영험이 있을 것입니다."

　"만덕산은 지나가는 걸음으로 들른 곳이 아니라, 그대들과 더불어서 세세생생 인연 맺을 곳이며, 많은 부처가 나올 곳이요. 정말 좋은 곳이요. 곳곳이 부처이며, 일마다 불공이니, 선방을 차린다 해도 구태여 자리를 고를 필요가 없을 것 같소. 한 해가 시작되는 정월에 만덕산에서 우리 회상의 미래를 보는듯하여 든든하구려."

2) 미륵사에서 인연을 만나다

원기 6년 가을부터 소태산 대종사는 부안 변산 봉래정사(실상초당과 석두암을 합하여 부르는 이름)에서 창립인연을 찾고 있었다. 실상초당 위쪽에 신축된 석두암(石頭菴)으로 거처를 옮긴 어느 날, 월명암에서 내려와 옆에서 시중을 들고 있던 정산 종사에게 말씀하였다.

"이제 네가 자력으로 어디든지 가 보아라. 그러면 만나야 할 인연을 만날 것이다. 그러나 전주(全州)는 돌아볼 것이 없다."

정산 종사는 소태산 대종사의 명이 전주 방면이긴 하나 전주는 아닌듯한 말씀임을 알았다. 정산 종사는 봉래정사에서 길을 나서 전주를 지나갈 때는 고개마저 돌리고 가다가 「세환」이라는 스님을 만났다. 길동무가 된 세환 스님은 만덕산 미륵사 주지였고, 그를 따라 미륵사에 이르렀다. 그곳에서 그해 겨울 한 철을 지내며 원기 7년 설을 쇠고 난 정월 어느 날, 비단장수하는 화주보살이 미륵사를 찾아왔다. 그 화주보살은 객스님(정산 종사)을 보고 생불님으로 받들고 따랐다. 그 뒤 미륵사에 생불님이 계신다는 소문이 퍼져 나가 불공이 줄을 이었다. 정산 종사는 이월 보름 경, 더 이상 미륵사에 머물러 있기가 곤란하다는 생각이 들어 부안가는 인편에 그동안의 경과를 봉래정사에 계신 소태산 대종사께 보고하였다.

얼마 지나지 않아서 소태산 대종사로부터 소식이 왔다. 편지 받는

즉시 돌아오라는 글이었다. 정산 종사는 편지를 쥔 채 그대로 봉래정사로 출발하였다. 화주보살은 생불님이 매양 옷 한 벌로 지내는 것을 안타깝게 여겨 비단 솜옷을 지어 가지고 절을 찾아왔다. 화주보살이 나타나자 주지 세환 스님은 보살이 객스님을 다른 데로 모셔갔다 하고 보살은 주지가 다른 데로 빼돌렸다며 다툼이 벌어졌다.

화주보살은 애통해하며 물어물어 봉래정사까지 찾아갔다. 그런데 생불님이 산에서 나무를 한 짐 지고 미륵사에서의 차림 그대로 내려오고 있었다. 새 옷을 올리며 갈아입을 것을 청하니 '사부님께서 입으라 하셔야 입는다'는 말씀에 생불님 위에 더 큰 스승님이 계신 줄 알았다. 그리하여 보살은 정산 종사의 인도로 소태산 대종사를 뵈었다.

그때 소태산 대종사가 그를 보고 말씀하였다.

"방죽을 파면 고기가 모인다더니 과연 모여드는 구나."

그가 「도화(道華)」라는 법명을 받고 전북지역과 서울지역의 연원이 된 삼타원 최도화이다.

※ 박정훈, 『한울안 한 이치에』, 원불교출판사. 박용덕, 『구수산 칠산바다』, 원불교출판사 참조.

3) 정산 종사의 미륵사에서 공부

정산 종사는 진안 만덕산 미륵사에 머물 때 공부의 깊은 경지에 들게 됐다.

이산 박정훈의 『한울안 한 이치에』 소개된 이야기(상산 박장식)에 의하면 정산 종사가 하루는 우연히 하나의 의심이 생기는데 그것은 숨 쉬는 것이었다. 숨을 들이 쉬었다가 내쉬고, 내쉬었다가 들이쉬며

들이쉬는 것이 밑천이 되어 내 쉬고, 내 쉰 것이 밑천이 되어 들이쉬며 숨을 들이쉬면 아니 내 쉴 수 없고, 또 내쉬면 아니 들이 쉴 수 없으니 이것이 어째서 그럴까 의문을 걸고 연마하였다. 그리하여 이 우주의 이치가 숨 쉬는 것 하나에 벗어나지 아니함을 알았다고 한다.

4) 또 둘릴 일이 있을 텐데

동타원 권동화가 구술한 내용을 정리한 이야기다.

성타원 전삼삼은 10여 년간 명산대찰을 찾아 득남기도를 올려 외동아들 전판용(혜산 전음광)을 얻어 온갖 정성을 다하였다.

평소에 알고 지내던 비단장수 여인(삼타원 최도화)이 오랫동안 발길이 없더니 어느 날 찾아와 "형님, 부안 변산에 생불님이 나셨는데 같이 가시지요"라고 하였다. 그리하여 둘은 원기 7년 무더운 삼복더위 속에 200여 리 길을 걸어서 변산 봉래정사를 찾았다. 봉래정사에서 생불님(소태산 대종사)을 뵙는 순간 전삼삼은 이 세상에서 처음 뵙는 큰 어른임을 알아보고 큰절을 세 번 올리고 말하였다.

"선상님, 제 아들을 맡아주시면 원이 없겠습니다."

소태산 대종사는 그의 간곡한 청을 들어주기로 하였다. 전삼삼은 그동안 살아오며 속고 둘리고 억울하게 살아온 이야기를 하고 자신의 마령 집에 한번 모실 것을 청하자 소태산 대종사가 말씀하였다.

"또 둘릴 일이 있을 텐데……, 이번에 집에 가면 조심하시오."

"인자는 안 둘릴 랍니다."

"내가 어찌 그 말을 믿으오?"

전삼삼은 세 번 절하고 마령 집으로 돌아와 생불님을 친견하고 온 이야기를 며느리(동타원 권동화)에게 하면서 말하였다.

"야야! 또 둘릴 일이 있다는데 우짤런지 모르겠다."

얼마 동안 조심하며 지내 오던 중 어느 날 도꾼이 찾아와 아들을 위해 천제(天祭)를 지내자며 돈을 요구하였다. 현금이 없음을 안 도꾼은 집에 있는 소를 팔라고 권유하다 돌아가자 며느리가 말하였다.

"어머님 큰일 나요! 생불님이 크게 둘릴 일이 있다고 하셨다면서요?"

"근디! 좋은 일이라는데 안할 수 있겠냐? 해보면 어쩔까?"

며칠이 지난 어느 날 최도화가 갑자기 찾아와 물었다.

"생불님께서 이집에 큰일 날 일이 있으니 가보라 해서 왔는데, 무슨 일이 있었지요?"

마침내 집에 있는 소를 팔아 천제 지낸다는 도꾼에게 돈을 주려다 며느리 말을 듣고 중단했던 일을 말하였다.

최도화는 며느리의 등을 두드리며 칭찬하였다.

"착하다, 착혀! 영리한 며느리 만나 못 둘려 먹었구먼."

※ 출전 : 박용덕, 『돌이서서 물소리를 듣는다』, 원불교출판사.

5) 턱이 떨어진 임실댁

보타원 양보훈이 삼타원 최도화에게 들은 이야기를 회고한 소태산 대종사가 만덕산 만덕암에 첫 번째 가서 3개월 적공할 때의 일화이다.

만덕암(산제당) 옆에서 공을 들이는 임실댁이라는 여인이 있었다.

임실댁이 공을 들일 참으로 음식을 준비하고 있는데 삼타원 최도화가 주섬주섬 음식을 차려 소태산 대종사께 올리자 임실댁이 짜증을 내며 말하였다.

"저년이 어디서 서방을 데리고 와 가지고 정한 음식을 먼저 올린당가! 에잉, 제물이 부정 타게 생겼어."

"이 사람아, 그게 아녀. 산부처님께 공양을 잘 혀야 쓰네."

임실댁이 계속 욕을 하더니 턱이 떨어지고 그 자리에 넘어져 입에 거품을 물고 눈동자가 돌아갔다.

최도화가 소태산 대종사께 매달려 간청하였다.

"제발 살려주시오."

소태산 대종사가 임실댁의 턱을 한 번 만지고 말씀하였다.

"죽진 않을 것이네. 따신 데 눕히소."

임실댁의 떨어진 턱이 붙고 정신은 돌아왔으나 입술이 한쪽으로 돌아가 평생을 입비뚤이로 지냈다.

※ 출전 : 박용덕, 『돌이서서 물소리를 듣는다』, 원불교출판사.

6) 이동진화의 만덕산 찾아가기

보타원 양보훈이 구술한 내용을 정리한 이야기이다.

육타원 이동진화가 서울에서 소태산 대종사를 뵙고 귀의한 후 소태산 대종사가 전라도로 내려가자 침모 낙타원 김삼매화와 함께 찾아나섰던 당시를 회고하였다.

"기차를 타고 전주로 내려갔습니다. 가마를 타고 성성원의 시가가 있는 임실에 가서 물었지요. 그러한 도인이라면 진안 마이산에 있는 도인일거라 하여 마이산에 가서 이갑룡이라는 이인(異人)을 만났습니다. 다시 수소문 끝에 좌포에서 만덕산 만덕암(산제당)에 계신다는 소리를 듣고 찾아 나섰지요. 경험이 없는 산길이라 어디로 가야할지 몰라 어쩔 바를 모르고 헤매다보니 날이 어두워지면서 몸이 으슬으슬 떨려왔어요. 이때 뇌성벽력 같은 큰 소리가 산 위에서 울려왔습니다.

"어서 정신 차려 이리 올라오소."

소리 나는 쪽을 향하여 힘겹게 올라가니 그렇게도 찾아 헤매던 생불님(소태산 대종사)이 그곳에 계셨습니다. 우리 일행이 인사를 하고 반가움과 안도의 숨을 쉬고 있는데 갑자기 하늘에서 번갯불이 번쩍번쩍 하더니 뇌성이 진동을 하고 광풍이 휘몰아치며 거세게 비가 쏟아지기 시작했습니다. 이렇게 대종사님을 만나서 「동진화(東震華)」라 법명을 받고 선회(禪會)에 동참하였지요."

※ 출전 : 박용덕, 『구수산 칠산바다』, 원불교출판사.

7) 최도화와 오창건의 식량 구하기

대산 종사의 구술을 정리한 이야기이다.

만덕산 만덕암 1개월 선회(禪會)에서 삼타원(최도화)님이 화주로 나서 식량을 구해 오기는 하였지만 한계가 있었다. 선회 초기에 한번은 식량을 구하러 삼타원님이 사산(오창건)님과 같이 만덕산 아래 좌포리 우리 집으로 왔다. 불심 장한 우리 할머니(현타원 노덕송옥)는 곳간을 열어주며 가져가고 싶은 만큼 가져가라고 하셨다.

삼타원님은 쌀을 많이 얻으려고 "머슴을 데려 왔으니 쌀 한 짝을 주세요"라고 하였다. 옆에 있던 사산님이 머슴이라는 말을 듣고 분통이 터졌다. 말은 못하고 쌀을 가지고 만덕암으로 조금 올라오다가 지게를 지고 있는 사람을 만나서 쌀 조금과 지게를 바꾸어 쌀을 지고 씩씩거리며 올라갔다.

만덕암 가까이 오자 대종사님께서 마중을 나와 "창건이 오는가?"라고 부르셨다. 사산님은 이 말씀에 조금은 위안이 됐다. 사산님이 대종사님께 속을 털어놓았다.

"도화 씨가 저를 머슴이라고 합니다."

"그년이 그래?"

이 말에 사산님은 분통이 싹 가셨다. 뒤에 삼타원님이 대종사님께 말씀드렸다.

"쌀을 많이 얻으려고 제가 사산님을 머슴이라 했지요."

대종사님께서는 피차의 세정을 헤아려 응수하였다.

"대체, 그러겠네, 잘하였네."

8) 만덕산에서 울며 내려오다

원기 21년 9월 발행된 초기교단 기관지인 『회보』 제27호 「본회 3대 여걸을 소개함」에 의하면 만덕산 만덕암에서 1개월 선회(禪會)를 열 때 소태산 대종사와 제자들은 식량 문제로 몹시 곤란을 겪었다. 이때의 곤궁함을 일타원 박사시화는 두고두고 잊지 못하였다.

고산험로(高山險路) 깊은 산중이라 모든 것이 궁색하여 항상 반찬 없는 공양을 올리게 되므로 그것이 어떻게나 포한(抱恨, 한을 품음)이 되었던지, 만덕산에서 나오면서 그만 설움이 터져서 수 십리 길을 내쳐 울면서 '이번 길에는 우리 생불님 시봉 잘 할 훌륭한 동지를 만나게 하여 주사이다' 라고 염원하며 내려왔다.

박사시화는 익산총부 건설 초기에 물심양면으로 원조를 아끼지 않았고, 원불교 제1대(원기 36년)내에 5백 75명을 귀의시켜 최다 연원자가 되었다.

9) 진묵 대사의 득남불공

조선시대 진묵 대사가 어느 절에 있을 때 득남기원불공이 들어왔다. 절 스님이 마당을 쓸고 있는 진묵 대사에게 불공을 드려달라고 부탁하였다. 진묵 대사는 빗자루를 거꾸로 잡고 법당에 들어가 부처님의 머리를 탁탁 치면서 "애기 태워달라니 태워 줘"라는 말만 서너 번 하고서 불공을 그만두었다. 그것을 본 절 안의 스님들은 '노승이 노망들었다' 고 푸대접하였다.

소태산 대종사는 진묵 대사의 이 일화를 제자들에게 들려주며 "진묵 대사는 도통하신 대사인지라 그때 벌써 등상불은 쓸데없다는 것을 암시하셨지만 일반 승려들은 그걸 모르고 노망했다고 푸대접 한 것이다"고 하셨다.

진묵 대사의 득남불공 일화는 만덕산 미륵사에서 있었던 일로 전해진다.

2. 탄생과 집안

1) 대산 종사의 조부

원기 63년 7월 3일, 대산 종사의 법문 중 이야기이다.

"나는 대종사님께서 찾아 주신 은혜와 조부모님, 외조모님, 부모님의 은혜를 영생(永生) 잊지 못한다. 그러므로 조석심고에서 내 정성을 다해 감사 올린다.

나의 조부님은 도(道)를 얻기 위해 20세부터 명산대천을 다니시며 기도 드리셨다. 한 번은 경상도 어느 산에서 시자로 있는 어머님의 큰 아버님 되신 분을 데리고 기도를 올리고 있었는데 하루는 달을 품는 꿈을 꾸셨다고 한다.

조부님이 이 무슨 몽사(夢事)인가 하고 의심 중에 있었는데 시자로 있던 어머님의 큰 아버님이 조카딸의 혼사 이야기를 하니 조부님께서 두 말 아니하시고 내 아들과 혼인을 하자고 해서 바로 이루어 졌다. 그때 우리 외가는 가난하여 우리 본가와는 상대가 아니 되는 처지였으나 조부님은 그냥 추진하셨다.

그래서 결혼하고 내 위 누님을 8년 만에 낳고는 아들 생산(生産)을 못하시어 온 집안에서 손자를 기다렸다. 우리 집은 옛날에 큰 부호이었으므로 손자 보기 위해서 딴 방법도 취했을 것이나 조부모님들은 그러지 아니하시고 매일매일 기도를 올리셨다.

조부모님, 외조모님, 부모님들 전 가족이 다 기도를 올리셨다. 어머님께서 좌포 봉황산 옆 알미산을 품는 꿈을 꾸었는데 태기가 있었고, 그 후 열 달이 지나 산월(産月) 달에 꿈을 꾸었는데 우리 집 앞 냇가에 태양(太陽)이 떨어지더니 바다가 이루어지고, 그 바닷물이 끓더니 그 물이 배로 밀려와 놀라 깨니 배가 뜨겁고 바로 산기(産氣)가 있어 낳은 것이 나였다. 결혼 한지 10년만 이었다.

조부님은 평소 새벽 두 시경에 일어나시어 기도 올리고『황정경(黃庭經, 도교경전)』을 새벽까지 외우셨는데 그때 지금 좌포교당 옆 밭에서 북 치는 소리를 늘 들었다고 한다."

2) 정성으로 태어난 대산 종사

대산 종사가『구도역정기』에서 말한 이야기이다.

"나의 조모님과 어머님은 자식을 얻으려고 기원을 올리셨다. 한 달에 3·7일을 정해 놓고 천지신명에게 일심으로 빌었다. 뒷산에 올라가 조그만 옹달샘을 품어 맑은 물이 고이면 과일과 떡을 해 가지고 가서 기도를 올리셨다. 때로는 마을 앞 시냇가에 있는 용암산에서 제(祭)도 올렸고, 산제당에 가서 기원하며 정성을 다하셨다. 이처럼 오랫동안 기다리다가 나를 낳으셨다. 나는 조부모님과 부모님의 지극한 정성으로 태어났다."

3) 기도로 얻은 대산 종사

대산 종사의 아우 황산 김대설의 부인인 보타원 양보훈이 대산 종사의 생가에 살며 들려준 이야기를 정리한 내용이다.

"대산 종사님의 상할아버지(증조부)가 거창군수를 하셨다고 합니다. 그런데 거기 더 오래 계시면 자손을 못 보겠다는 말을 듣고 자손을 얻기 위해 그곳을 떠나야겠다고 고을 사람들에게 말을 하니 고을 사람들이 첫서리 오는 추운 날인데도 넓은 뜰에 가득 모여 더 계셔달라고 애원했다고 합니다. 그러나 떠나야겠다고 하시며 나오셨다고 합니다. 그 뒤 고을 사람들이 아무리 우리가 없이 살아도 숟가락 젓가락이라도 모아 그 어른의 비를 세워야겠다고 하며 비를 세워드렸다고 합니다.

거창에서 나오시어 터를 잡으신 곳이 바로 이곳 좌포리인데 터를 잘 보는 지관이 상할아버지와 뒷산 봉황대를 올라가 보시고 잡으신 터가 이곳이라 합니다. 이 터에 오셔서도 자식을 못 얻으셨다고 합니다. 할머님께서 열일곱에 시집을 오시어 자식을 못 낳다가 이곳에 오시어 10년만인 스물일곱에 아들을 낳으셨는데 그분이 시아버지이시랍니다. 그런데 또 그 아들(대산 종사의 아버지 김인오)이 자손을 못 낳으니 애가 닳았다고 합니다. 그래서 거북바위(집 본채 뒤 바위)에 물을 떠놓고 한 달에 떡시루를 몇 번씩 올리고 기도를 많이 하셨다고 합니다. 그래서 일하는 사람들이 이 거북바위를 매일 물로 닦고 청소하고 자손 얻게 해달라고 굿도 한 달에 한 번 꼴로 했다고 합니다. 그 때 천 석하는 집안이고 상할머니가 불경과 스님을 좋아하여 짚신 대여섯 켤레씩 삼아 놓고 쌀과 과일을 다 챙겨놓았다가 스님들이 오시면 한 짐씩 짊어 지워 보내셨다고 합니다.

이렇게 10년을 빌어서 낳은 자손이 대산 종사님 이셨답니다. 할아버지께서 이곳에서 사시다가 자손을 위해 새로운 집을 3년 걸려 지었다고 합니다. 그때 저 윗마을에 집이 또 있는데 그곳에 가시어 대산 종사님을 낳아가지고 포대기에 싸서 이곳으로 옮기셨다고 합니다.

대산 종사님 태어나신 뒤로 할아버지는 기뻐서 담뱃대를 치시며 시조를 읊고 흥겨워 하셨다고 합니다. 그런데 그것을 두세 살 때 대산 종사님이 보고 거북바위에 올라앉아 막대기를 두드리며 '어! 어!' 하며 할아버지 시늉을 내셨다고 합니다. 대산 종사님을 얻으신 뒤로 바로바로 연달아 자손을 많이 낳으셨다고 합니다."

4) 장모를 모시고 산 김인오

대산 종사의 부친 연산 김인오에 대한 『원불교 법훈록』에 기록된 이야기이다.

한때 부인인 봉타원 안경신이 골방에서 식사를 아니 하고 흐느끼고 있음을 알았다. 김인오가 사정을 알아보니 장모(정타원 윤채운 정사)님이 진안 안천에 홀로 계심이 슬퍼서 울었다는 것이다. 김인오는 안천으로 꽃가마를 보내 장모를 모시고와서 평생 부모님으로 모시고 같은 집에서 함께 살았다.

　윤채운은 일평생 외손자 기르는 재미와 심고 올리는 재미와 정전의 원본인 『취지규약서』 외우는 재미로 살았다. 원기 23년에 가옥과 대지를 희사하여 좌포교당 설립에 공헌하였다.

　원기 26년 백색서기(白色瑞氣)가 하늘을 뻗지르는 가운데 편안하게 열반하였다.

5) 중중 까까중, 칠월에 번개중

　대산 종사가 원기 66년 5월 16일, 어릴 적 있었던 일화를 이야기하였다.

　"어려서 서당에 갈 때 있었던 일을 선 법사님(정산 종사) 계실 때 사뢰어 볼 것인데 못 사뢰어 봤다. 낮에 밥을 먹으러 가는데 어떤 스님 한 분이 바랑을 짊어지고 오니까 학생 한 오십여 명의 애들이 떼를 지어 '중중 까까중, 칠월에 번개중' 이라고 하였다. 그러다가 한 놈이 와서 이러면 바랑을 졌으니 달음질할 수 있겠느냐! 그놈 잡으려면 저놈이 와서 또 '중중 까까중' 그러면 다시 저리 쫓아가면 또 이놈이 그러고 오십여 명이 그러니 오십여 명을 어쩔 것이냐.

　나는 그러들 안했지. 보기만 했지. 그런데 지금 생각하면 선 법사님 같아, 선 법사님께서 웃어 싸시면서 마이산에서 좌포를 다녔다고 여러 차례 그러셨는데 내가 사뢰어 보지 못하였다.

　그 이튿날 밥을 먹고 일찍 서당에 가자 어제 한나절 사방에서 애들이 집적거려 혼이 났던 스님이 서당에 오더니 '어제 날 혼낸 놈이 어디 있냐!' 고 하며 막 하는데 절하는 스님만 보다가 무서운 스님을 봐서 나는 그냥 변소로 들어가서 문을 딱 닫고 있었다. 그 스님이 내가 들어간 줄은 모르지.

한참을 혼내는데 애들이 오다 보니 그 스님이 와서 야단하니 다 도망가 버리거든. 그래서 나중에는 스님도 저렇게 고준한 스님도 계시는가 보다 느꼈었다. 그래서 우리 할머니가 불경을 많이 보기 때문에 할머니한테 그 얘기를 했더니 '옳지 야! 도인인가 보다. 도인 같으면 산도 옮기고 물도 옮기고 바다도 가를 수 있는 능력이 있다' 고 하셨다. 그래서 스님도 저렇게 고준한 스님이 있는가 보다고 느꼈다."

6) 생불님 만나러 만덕암으로

대산 종사가 『구도역정기』에서 말한 만덕산 만덕암에 가게된 당시를 회고한 내용을 정리한 이야기이다.

비단장수하는 삼타원 최도화가 대산 종사(영호)의 집에 자주 드나들며 영호의 할머니인 노덕송옥(현타원)에게 생불님을 뵈러가자고 하자, 영호가 궁금해 물었다.

"아지마씨, 생불님은 어떤 분잉거?"

"부처님은 천만 사람들이 바라는 소원을 다 들어주시는 어른이제."

이 말에 구미가 솔깃하여 영호가 다시 물었다.

"그라요? 그럼 지 소원도 들어 주겠네요?"

"들어 주다마다!"

"지는요, 다른 것보다도 이 세상이 싸우지 않았으면 좋겠어요."

영호는 우리 조선이 일본한테 전쟁에 져서 이렇게 핍박 받고 사는 것이라 생각하였다.

"만일 싸우는 나라가 있으면 싸우지 못하도록 꽝하고 쏠 대포를 만들었으면 쓰겠어요."

그러자 비단장수가 깜짝 반가워하며 영호 손을 잡았다.

"아이고, 어떻게 우리 생불님께서 대포 만드시는 줄 알았다냐!"

너무나 반갑게 영호 손을 잡기에 영호는 그 말을 의심 없이 믿었다. 그 후 영호를 보면 '김 대포' 라 불렀다.

11살 난 영호는 머슴의 등에 업혀 할머니를 따라 만덕산 만덕암에 갔다. 만덕암에 당도하니 키가 자그마하고 잘 생긴 스님이 마중을 나왔는데 영호는 어찌 할 바를 몰라 쩔쩔맸다. 한 스님이 동네에 왔을 때 영호 친구들이 '중중 까까중' 하고 따라다니며 놀려준 일이 있었다. 그 스님 인 것 같았다.

한 달 남짓 만덕암에 있는 동안 영호는 어려서 무엇을 하는 것인지 잘 모르지만 어른들 하는 것을 따라하였다. 그러다가 밤이 되면 걱정이 됐다. 한번은 영호가 뒷간에 갔다가 호랑이 우는 소리에 놀라 나오던 똥이 쏙 들어가고 오도 가도 못하고 겁에 떨었던 일이 있었다.

영호가 만덕암에서 가장 인상적인 것은 어른들의 선(禪)나는 모습, 그리고 생불님의 삭발치는 모습 등, 이 모두가 처음 보는 것이었다.

7) 대종사와 대산 종사 조부의 만남

보타원 양보훈이 들려준 이야기를 정리한 내용이다.

"현타원 노덕송옥 할머님은 대종사님을 뵌 뒤로는 신심이 나시어 총부에 가실 때는 별것을 다 싸가지고 가셨다고 합니다. 그러면 할아버지가 보시고 처음에는 호통을 치시고 못 가져가게 하셨다고 합니다. 하루는 할머니를 못 나가게 하기 위해 윗방에다 손도 묶고 발도 묶고 하여 가두어 놓으셨다고 합니다. 그러면 할머니는 일하는 사람을 불러 묶인 걸 푸시고 도망을 나와 대종사님을 찾아가 뵈셨다고 합니다.

하루는 대종사님께서 할머니를 보시고 내가 한 번 집에 가야겠다고 하시며 할아버지를 만나시기 위해 좌포 집으로 오셨다고 합니다. 대종사님께서 대바구니에 한과 한 상자를 선물로 잘 싸가지고 집에 오셨는데 할아버지가 안 계셨다고 합니다. 머슴이 박 첨지 댁에 가서 할아버지께 대종사님 오셨다고 말씀드리니 '오! 그리어, 오셨냐! 가자' 하고 훨훨 활개를 치시며 오셨다합니다. 그런데 대종사님께서 처마 밑 토방에서 턱 서 계시니 이상하게도 할아버지가 대문을 들어서면서부터는 기가 탁 죽으시어 들어오셨다고 합니다. 그리고 방에 들어가시어 절을 하고 일어서시려다 못 일어나시고 고개도 못 드시고 그렇게 몇 번을 하다가 허리를 구부리고 눈도 바로 못 뜨시고 대종사님을 바로 못 쳐다보았다고 합니다. 그리고 한참 있다가 일어나셨는데 중병을 치르신 것 같아 보였다고 합니다. 나이로 치면 대종사님이 아들 같은 나이이신데도 그러셨다고 합니다. 그 뒤로는 대종사님에 대해 다시 뭐라고 하지 않으시고 할머니에게도 뭐라고 안하셨다고 합니다. 그리고 대산 종사님이 총부 가신 것에 대해서도 뭐라고 안하시고, 또 다른데 가시면 꼭 대종사님 법을 우리 법이라고 하시고 우리 회상이라고도 하시며 감싸셨다고 합니다."

8) 손자 보고 싶은 할아버지

보타원 양보훈이 들려준 이야기를 정리한 내용이다.

"대산 종사님의 할아버지가 손자(대산 종사) 보고 싶어 현타원 노덕송옥 할머니가 총부에서 동선(冬禪)을 나고 오시니 손자를 혼자만 보고 데리고 오지 않았다고 역정을 내셨다고 합니다."

9) 돼지막 위에서 옷을 버린 대종사

원기 75년 10월, 대산 종사가 말한 소태산 대종사의 일화이다.

"대종사님께서 진안 좌포 우리 집에 오셨을 때의 일이다. 그때만 해도 뒤를 보는 곳이 돼지우리와 함께 있었는데 사람이 들어가서 뒤를 보고 있으면 돼지가 와서 그것을 받아먹었다. 그날도 대종사님께서 뒤를 보고 계시는데 돼지가 그것을 받아먹다가 갑자기 몸을 비틀며 털어버렸다. 그래서 대종사님께서 옷을 모두 버리셨는데 어떻게 하실 수가 없었다. 남의 집에 와서 갈아입을 옷도 없고 그렇다고 벗어서 빨아 입을 수도 없고 참 난처하였다.

그런데 우리 할머니(현타원 노덕송옥)께서 그것을 눈치 채시고 얼른 방으로 들어가서 할아버지 옷을 갖다 잘 다려서 드렸는데 대종사님 몸에 꼭 맞았다. 그 후부터 우리 할머니와 더욱 친해지셨다.

대종사님께서 하루는 총부에서 우리 어머니(봉타원 안경신)를 대각전으로 부르시어 하시는 말씀이 '대거는 나의 큰 아들이고, 광전(소태산 대종사의 장남)이는 나의 작은 아들이니까 그렇게 알고 있으라' 고 하셨다 한다."

10) 부처님을 욕보인 과보
보타원 양보훈이 들려준 이야기를 정리한 내용이다.

진안 좌포에 성질이 아주 고약한 사람이 있었다.

어느 날, 소태산 대종사가 좌포에 있는 대산 종사의 집에 모인 교도들에게 '피를 피로 씻어서는 안 되고 서로 화합하라' 는 요지의 상생법문을 하셨다. 그런데 문 뒤에서 그가 말하였다.

"나는 피를 피로서 씻고 싶어요!"

소태산 대종사의 얼굴이 홍시처럼 붉어졌다.

유산 유허일이 나서서 "나하고 이야기하세" 하고 그를 데리고 나가 무마하였다.

그해 그 사람이 벙어리 자식을 낳았다. 동네 사람들이 입을 모아 '이는 부처님을 욕보인 과보' 라고 말하였다.

11) 안경신의 평생 기도
대산 종사의 모친 봉타원 안경신에 대한 『원불교 법훈록』의 이야기이다.

안경신은 평생 기도생활을 하였다. 어느 날 손자가 "할머님은 어떻게 기도하시는지요"라고 물으니 "나는 대산(대산 종사)이 큰 도인되기를 빌고, 황산·양산·소산이 크게 성공하기를 빌고, 너희들(손자들)도 모두 성공하기를 빌고, 회상이 발전하여 세계적 종교로 성장하기를 빌고, 맨 마지막엔 나의 건강을 빈다"고 하였다. 또한 평소에 "돌아오는 세상은 참 좋은 세상이 될 것이다. 너희들도 준비하여라"고 하였다.

안경신은 열반 전에 자녀 손들에게 "우리 집안 후손 만대에 길이길이 상극의 업을 짓는 정계에는 진출하지 말라"고 유언하였다. 열반 시기에 대산 종사가 곁에서 좌정하여 입정삼매에 들었다가 깨어나니 안경신은 솔성요론 16조 중 15조까지 외우다가 잠자듯 열반하였다. 때는 원기 45년 7월 29일이었다.

12) 미륵사에서 돌담을 쌓다

대산 종사가 종법사위에 오르기 전 영산성지에서 3년여를 요양하며 지낸 적이 있었다. 대산 종사의 원기 60년 7월 31일, 법문이다.

"그 당시 영산성지에서는 재방언공사를 하는데 내가 열여섯 살에 출가하여 나왔으니 아무 기술이 없었다. 그래서 기술 하나를 가져야겠다고 해서 담쌓는 것을 2년간 봤더니 그 사람 담쌓는 것이 요령이 있더라. 그래서 그 할아버지 보고 '담쌓는 기술을 가르쳐 달라'고 했더니 '담쌓는 기술을 뭐 하려고 그러느냐'고 하기에 '그래도 배워야겠다'고 하며 배웠다.

어디를 가더라도 또 내가 이 직을 놓더라도 담만 쌓아주면 밥 얻어먹겠더라. 지금부터 20여 년 전에 만덕산 미륵사라고 하는 데서 한 달을 지냈는데 산에 가서 아무 할 일이 없더라.

그런데 절이 황폐해서 담이 싹 무너졌더라. 그래서 같이 있는 동지를 보고 한 달이면 이 담을 쌓아서 이 절을 미화시킬 터이니 함께하자고 제의를 했더니 '누가 담쌓는 기술 있느냐'고 하기에 '내가 조금 쌓을 줄 안다'고 해서 여자는 작은 돌을 나르고 남자는 큰 돌을 주워 오고 해서 담을 쌓으니까 옆에 있던 화주 할머니가 '언제 가실려우?' '며칟날 갈 것이오.' 이 양반이 담쌓고 하는 것이 절 뺏으려고 하는가 보다 해서 날마다 오면 나를 주시하고 미워하더라. 그 전에는 수박도 들어오면 한 쪽씩 주고 과실도 한 개씩 주더니 그때부터 일체 끊고 '이 절 가난해서 못 삽니다' 하며 가라고 하더라. 내가 이 담 쌓고 아예 눌러 살려고 하는 줄 알고 그랬는가 보더라.

그 절에 인부 하나가 있어서 일을 시키려고 했더니 '술 좀 받아 주시오' 하고 술 먹은 후에는 드러눕고 '이런 담은 놀면서 쌓아야 합니다'고 하며 하루 종일 놀더라. 나중에 술값을 줄려니 담을 못 쌓겠더라. 그래서 '할아버지는 누워 계십시오. 돈은 드릴 테니까!' 하였다.

내가 3일 동안 쌓는 것을 보더니 자기가 안 시켜도 쌓겠거든 '뭐 하려고 이러시오. 가만히 보니 담쌓아 먹고 살 양반 아닌데 뭐 하려고 이러시오' 그러더라.

'아! 나 부처님 따라 배우려 그러지요.'

'뭐? 부처님 따라 배워요?'

'할아버지 집에서 무슨 밥 먹으요?'

'보리밥 먹고 험식해요.'

'부처님은 무슨 밥 잡수시던가요?'

'잡수시진 안 해도 쌀밥을 많이 쌓아 놓고 있습디다.'

'왜 그런가요?'

'모르지요.'

'뭐 하려고 자기도 못 먹는 밥을 쌓아 놓고 금으로 싸 주고 하는지 모르요?'

'모릅니다.'

'아! 큰일 났소. 그걸 알아야 합니다.' 그랬더니, '우리 아들 딸 그것 좀 가르쳐 주시요' 하며 또 '내가 일을 잘할 테니 좀 가르쳐 주시요' 하더라.

그 후부터는 이 분이 일을 어떻게 잘하던지 큰 돌을 날라다가 놓으며 돈을 받아 가더라도 일을 많이 해야겠다고 하며 열심히 하더라.

그래서 담을 다 쌓아 놓고 나니, 보살 할머니가 일찍 와서 '오늘 가신다더니 가시렵니까?' 했다

'예. 가요.'

'참으로 가시오.'

'예. 가요.'

그 노인이 그제야 자기 담을 공짜로 쌓아 주니 수박도 주고 과일도 주고 차비까지 주겠다고 하여 굉장한 대우를 받았다."

13) 만덕산의 해원조

향타원 박은국 종사의 회고이다.

"대산 종사님이 종법사위에 오르시기 전이었다. 대산 종사님의 어머님(봉타원 안경신)이 돌아가셨다. 대산 종사님이 좌포 집에 가셔서 상을 다 치르시고 만덕산 미륵사에 가셨다. 대산 종사님이 날마다 산에 오르셨다. 그때 시원치 않게 도시락을 싸드렸는데 그것을 가지고 날마다 산에 오르셨다. 그런데 그때 산에 오르시려고 하면 새 한 마리가 날아와서 울었다. 우리는 그저 새가 그런가하였다. 대산 종사님이 오시면 또 울고 하였다. 또 밥 먹으려면 그 새가 꼭 우리 상에 와서 반찬을 채갔다. 대산 종사님의 진지상을 따로 차려 드리고 우리는 땅에서 대 여섯 명이 앉아서 먹었다. 땅에 놓으므로 고개를 숙이고 먹을 수밖에 없었다. 그러면 꼭 우리 상에 와서 반찬을 채갔다. 대산 종사님 상에는 가지 않고 30일 정도를 계속 그랬다. 그런데 이상하게 대산 종사님이 가시고 딱 이틀 되니 새가 안 왔다. 총부에 49재가 있어 가서 대산 종사님을 뵈니 '새가 와?' 하고 물으셨다. '안 와요' 하니 웃으시며 그 새 이름을 해원조(解怨鳥, 무슨 까닭이 있어 제도 받으러 온 새라는 뜻)라고 지어 주셨다."

14) 뿌리 없는 나무 한 그루

대산 종사가 선조 합동열반기념제사 법문과 『구도역정기』, 그리고 또 다른 법문 등에서 말한 이야기이다.

"성리는 알려주지 말고 자득하여야 합니다. 우리 부모선조님께 감사하고 또한 죄송한 점이 있습니다.

  우리 선조님들이 어찌 다행 대종사님을 새 부처님으로 알아보시고, 나를 대종사님 아들로 희사하신 은혜입니다. 또한 죄송스러운 것도 있습니다. 아버님께 죄송합니다. 아버님이 총부 복숭아를 참으로 좋아하셨는데, 한 번도 사다 올리지 못한 것이 못내 죄송합니다.

  어머님께도 죄송합니다. 어머님의 의심을 못 풀어 드린 점이 아쉽습니다. 어머님께서 열반하실 때까지 세 번이나 물으셨는데 답을 일러 드리지 못한 것이 있습니다.

  '뿌리 없는 나무 한 그루[무근수일주(無根樹一株)]란 무슨 뜻이더냐? 나 좀 알려다오. 음양 없는 땅 한 조각[무음양지일편(無陰陽地一片)]이 무엇이드냐? 음도 없고 양도 없는 땅도 있더냐? 소리 없는 계곡[무음향지일곡(無音響之一谷)]도 있다더냐?'

  이 세 가지를 어머님께서 열반 무렵까지 세 차례나 물으셨으나 대종사님께서 '성리는 함부로 가르쳐 주는 것이 아니다'고 하시어 그 의심을 못 풀어 드린 것입니다."

15) 대종사의 만덕산 가는 길

  원기 77년 8월 8일, 대산 종사의 이야기이다.

  "대종사님께서 만덕산에 오실 때 가까운 오도재를 넘어 오시지 아니하시고, 항상 진안을 통해 좌포를 들러 만덕산에 오시었다. 또한 관촌으로 해서 좌포를 거쳐 만덕산으로 오시곤 하였다. 그런데 상달마을에 안(安)씨라는 분이 있었는데 대종사님께서 지나시면 지게로 짐을 날라 주었다. 그 짐 값으로 10전을 주었다. 그때 돈으로 10전은 많은 돈이었다. 그래서 항상 대종사님이 언제 오시나 하며 기다리었다.

정산 종사님께서도 대종사님과 같은 방향으로 만덕산에 오셨다. 그럴 때 어린 아이들이 '중중 까까중' 하고 놀리곤 하였다.

지금 생각하니 두 분 어른님께서 가까운 오도재를 넘으시지 아니하고 멀리 좌포로 돌아오신 것은 나에게 인연을 걸려고 그러셨다. 참으로 대종사님과 정산 종사님의 은혜를 잊을 수가 없다."

3. 출가

1) 대산 종사 출가하다

대산 종사의 『구도역정기』와 법문 등을 정리한 이야기이다.

대산 종사는 11세 때 할머니 현타원 노덕송옥을 따라 만덕산 초선회(初禪會)에 참석하였다. 아직 나이가 어려 소태산 대종사가 어떤 성자(聖者)인지, 선(禪)이 무엇인지도 모르고 참석했을 뿐이었다. 그러나 13세가 되자 소태산 대종사가 보고 싶어 총부에 가서 소태산 대종사께 말씀드렸다.

"제가 지난 번 만덕산 초선회에 참석했을 때에는 아무런 의미도 없이 그냥 할머니를 따라갔을 뿐입니다. 그러나 이제부터 대종사님의 제자가 되겠습니다."

"집으로 돌아가서 더 깊이 생각해 보아라."

소태산 대종사가 출가를 허락하지 않았다. 대산 종사는 16세에 다시 총부로 왔다. 조모인 노덕송옥의 연원으로 입교하여 소태산 대종사로부터 「대거(大擧)」라는 법명을 받았다. 이번에는 소태산 대종사께서 먼저 물었다.

"대거(大擧)도 이제는 나이가 그만하면 인생의 방향로를 결정해야 할 때가 됐다. 장차 인생을 어떻게 살고 싶으냐?"

"여러 해 전부터 생각해 왔습니다. 우리나라는 땅도 좁고 국력도 약한 나라입니다. 그러나 중국은 땅도 넓고 인물도 많아서 영웅호걸들이 모여드는 곳입니다. 그래서 중국에 건너가 석숭(石崇, 중국 서진의 부호로 형주 자사를 지냈고, 항해와 무역으로 거부가 되었다)이나 도주공(陶朱公, 중국 춘추시대 월나라 재상으로 큰 부를 쌓았다)같은 큰 부자가 되어서 천하를 주름잡아보고 싶기도 하고, 아니면 이태백(李太白, 중국 당나라 시인)이나 도연명(陶淵明, 중국 동진 말기부터 남조 송대 초기의 시인) 같은 풍류객이 되어서 세상을 한번 재미있게 살아보고 싶습니다."

"사람이 세상에 태어나서 큰 부자나 영웅호걸이 되어 보기도 하고 풍류객으로 멋있게 살다 가는 것도 물론 좋은 일이다. 그러나 오늘날의 도인은 땀을 많이 흘리고 일을 열심히 하는 사람이다. 이 세상의 주인은 영웅호걸이나 풍류객이 아니라 큰 도인이 되어 부처님의 가르침을 세상에 널리 펴는 사람이다. 지금이 어느 때냐, 이처럼 세상이 어지러운 때일수록 천하를 구제할 큰 도인이 필요한 법이다. 이곳 총부를 잘 보아라. 여기가 바로 영산회상을 다시 건설할 책임을 지고 불보살들이 모인 곳이다. 그런데 대거는 한 평생 놀며 재미있게 살고 싶다니, 그것은 진리의 뜻이 아니요 사나이 대장부가 갈 길이 아니다. 대거도 진정으로 세상을 한번 잘 살아보고 싶다면 저 사람들처럼 새 회상 창립에 큰 일꾼이 되어야 할 것이다."

대산 종사는 소태산 대종사의 말씀을 받들고 정산 종사의 연원으로 원기 14년 16세에 출가하여 3년간 총부에서 학원생활을 하면서 소태산 대종사와 은부자(恩父子)의 의(義)를 맺었다. 이 무렵 대산 종사는 서원을 확실히 세웠다.

그리하여 『월말통신』 제35호(원기 17년 4월호)에 자신의 「입지시(立志詩)」를 발표하였다.

차신필투공중사(此身必投公衆事)
영세진심갈력행(永世盡心竭力行)
인생출세무공적(人生出世無功績)
사아평생하면괴(斯我平生何免愧)
이 몸을 기필코 공중사에 바치리니
영생토록 변함없이 있는 힘을 다 하리다
사람으로 태어나 세상 위해 큰일 못하면
평생토록 그 부끄러움 어찌 면 하리까.

그 후 대산 종사는 서무·상조·공익·육영 각 부서의 서기와 서무부장·공급부장·교무부장·감사부장 등의 간부를 차례로 역임하면서 소태산 대종사의 시봉도 겸하였다.

2) 담배를 불속에 집어넣다

대산 종사가 원기 66년 영산성지에서 법문하며 자신이 처음 총부에 왔을 때의 이야기를 하였다.

"나는 그랬다. 처음 와보니 선 법사님(정산 종사)이 여기(靈山) 계시고 주산(송도성)종사님이 공자, 맹자를 가르치는데, 내가 집에 있을 때 가만히 보면 그때는 서당을 못하게 하였다. 순경이나 지서 주임이 오면 글 가르치다 도망갔다. 그래서 에라 이런 것 배울 것 없다. 순경을 지도해야지, 그 자들 오면 도망가니 내가 안 배워 버렸다. 놀기만 하였다.

처음 열한 살 때에 대종사님을 만덕산에서 뵈었는데 팔산(김광선) 대봉도님이 다섯 달을 나 때문에 와서 계셨다. 대종사님도 스승님이시지만 팔산님을 형같이 여긴다고 그러셨고, 선 법사님도 처음 오실 때 열여덟 살 이었어도 발이 아파서 못 간다고 하면 업자고 해서 업어다가 중앙으로 앉히고 형님으로 모셨다. 팔산 대봉도님이 내 초도사(初導師)이다.(중략)

열세 살 먹어 총부에 왔었다. 총부에 와서 지내는데 육타원 이동진화 선생, 동타원 권동화 선생 모두 그런 분이 공부한다고 하는 것을 보니 한문 몇 자 가르치고 그러더라. 그래서 나는 몇 달간 그 방에 들어가 보질 않았다. 혹시 한문 배우라고 할까 싶어서. 전종환 그 양반들하고 쇠죽 끓이고 가서 일이나 해주고 농사짓는데 왔다 갔다 하였다. 그런데 촌에서는 담배 먹는 사람을 양반이라고 하였다. 우리 조부님 담뱃대가 이만한데 조부님보다 내가 더 큰 양반이 되어야겠다고 생각하여 더 크게 만들어 가지고 다니다가 잃어버렸다. 그런데 우리 아저씨 한 분이 그것을 주웠다. 그래서 달라고 하니까 그냥 날 쫓으시기에 도망갔다. 총부에서 있다가 좌포 집으로 갔다.

그리고 나서 열여섯 살 먹어서 왔는데 가만히 생각하니 담뱃대를 가지고 올 수는 없고 빈종(십전짜리 담배)을 다섯 갑 사 가지고 왔다. 그리고 보니 총부에 담배 먹는 사람이 없더라. 그런데 유용진 씨 한 분이 살짝 살짝 먹는가 보더라. 그래서 나도 담배를 변소에 가서 남모르게 먹는다 생각하니 다른 사람이 안 먹는 것을 변소에 가서 먹는다는 것이 의젓하지 않고, 또 내가 안 먹는 것을 남을 준다는 그것도 아니고 그래서는 안 되겠다 생각해서 불에 집어넣어 버렸다. 옆에 있는 이들이 나한테 줄 것이지 불에 집어넣느냐고 하더라. 그렇게 장난으로 지내다가 대종사님을 '내 영생의 부모로 모시고 이 회상과 영생을 함께할 것이다' 고 마음을 정하였다."

3) 굶으면 다 같이 굶는 것

보타원 양보훈이 들려준 이야기를 정리한 내용이다.

"대산 종사님이 총부에 가시어 공부를 하실 때 총부가 가난하여 먹을 것을 잘 먹지 못한다는 이야기를 외할머니가 들으시고 총부에 가시어 공회당에서 공부하고 있는 대산 종사님을 불러내시어 '내가 쌀을 보내 줄 터이니 너는 배곯지 말고 밥을 많이 먹으라' 고 달래니 대산 종사님이 발로 땅을 구르며 '굶으면 다 같이 굶고 먹으면 다 같이 먹어야지 나만 배부르면 되겠습니까?' 하며 '그 말씀하시려고 공부하는 저를 불러내셨나요?' 하시어 외할머니가 그런 말을 다시는 못하셨다고 한다."

4) 평생 교당에 나가지 못하다

대산 종사의 『구도역정기』 내용 중에서 정리한 이야기이다.

어느 해 총회 때였다.

소태산 대종사가 대산 종사를 부르시더니 용신교당 교무로 가라고 하셨다. 대산 종사는 주섬주섬 짐을 싸가지고 정거장에 가기 전에 인사를 드리려 가니 소태산 대종사가 "용신교당에 가지 않아도 된다"고 하였다. 그 후 대산 종사는 계속 총부에서 근무하게 되었고, 평생 일선 교당에 나가지 못하였다.

4. 가정생활

1) 시집살이가 고되겠다

대산 종사의 정토 의타원 이영훈의 회고를 정리한 이야기이다.

대산 종사가 결혼 전 어느 날, 의타원 이영훈의 집에 갔다. 그러나 이영훈은 알지도 못하고 방에 있는데 남동생이 일러주었다.

"누님, 매형 될 사람이 오셨어요. 그런데 누님 살기가 곤란하시겠는데……. 여간 꼼꼼하지 않던데요."

"무엇을 보고 그러느냐?"

"내가 보니까 입고 온 두루마기를 벗어서는 얌전히 개서 가방에 넣던데요."

동생에게서 이 말을 전해 듣고 방안에서 가만히 밖을 내다보았다. 얼핏 보이는데 눈이 올라간 것 같았다.

이영훈은 '시집살이가 고되겠다' 고 마음속으로 생각하였다.

※ 박혜명, 『땅은 세상만물을』 원불교출판사, 1990년

2) 가방에 열쇠 채우는 대산 종사

대산 종사의 『구도역정기』 내용 중에서 정리한 이야기이다.

의타원 이영훈이 대산 종사와 결혼하였다. 결혼한 후 대산 종사가 가뭄에 콩 나듯 어쩌다가 한 번씩 집에 왔다.

대산 종사는 집에 올 때마다 조그마한 손가방 하나를 갖고 다녔는데, 늘 열쇠를 채워가지고 다녔다. 영훈이 몹시 궁금하였다.

하루는 벽에 걸어둔 대산 종사의 윗저고리 주머니에서 열쇠를 꺼내어 몰래 열어 보았다. 가방 안에는 『취지규약서』, 『육대요령』 그리고 일기장이 있었다. 대산 종사가 밖에서 들어오자 물었다.

"가방 안에는 조그마한 책만 몇 권 들어 있고, 그 외에는 귀중한 것 하나 없던데 무엇 때문에 그렇게 열쇠를 채우고 다녔습니까?"

"소중한 것이 들어 있어서가 아닙니다. 가방에 열쇠를 채우고 다니는 것은 바깥 경계에 내 마음이 끌려 다니지 않도록 내 마음 챙기는 공부를 하는 것입니다. 우리가 이렇게 부부의 인연으로 맺어졌으니 그대도 자신의 마음이 세상 경계에 끌려 다니지 않도록 마음 챙기는 공부에 노력하기 바랍니다."

3) 대산 종사의 집안정리

대산 종사의 『구도역정기』 내용 중에서 정리한 이야기이다.

대산 종사의 집안은 아버님(연산 김인오)의 금광사업 등으로 인한 후유증 때문에 점점 가세가 기울었다. 무엇인가 정리를 하지 않으면 안 될 단계에 이르렀다. 이때 대산 종사는 소태산 대종사의 배려로 사가 살림을 처리하기 위해 잠시 휴가를 얻어 좌포 집으로 갔다. 대산 종사는 아버님께 도장을 받아 부채를 정리해 나갔다. 전답을 정리하고 일부는 식산은행(殖産銀行)에 설정하여 갚아나가는 방법을 택하였다. 그리고 부모님만 고향에 그대로 계시면서 남은 농토를 관리하도록 하고, 정토 의타원 이영훈과 동생들을 총부 구내 신영기의 집을 세 얻어 이사하도록 하였다.

이영훈은 어려워진 가계를 도맡아 이끌어야 하는 무거운 짐을 지게 됐다. 그래서 이영훈은 처녀시절에 저금했던 돈과 결혼예물로 받은 금반지 금비녀 등을 친정아버님께 팔았다. 도합 4백 원이 된 돈을 가지고 4천 2백 평의 과수원을 사서 복숭아나무를 심고 모자라는 돈은 당시 총부 상조조합에서 빚을 얻어서 경영해 나갔다. 이때 소태산 대종사가 논 6백 평을 얻어 주어 농사도 짓게 됐다.

그러나 복숭아나무가 자라 열릴 때까지는 생활이 막막하였다. 소태산 대종사가 안 되겠다고 생각하였는지 이영훈을 불러 "복숭아나무 클 때까지 시어머님 계시는 곳(진안 좌포 시댁)으로 가서 살아라"고 하였다. 이영훈은 소태산 대종사의 말씀을 받들고 다시 좌포로 가려고 마음먹고 짐을 꾸리기 시작하였다. 그런데 소태산 대종사의 오라는 전갈을 받았다.

"네가 가면 안 되겠다. 내가 상조조합에서 빚을 얻어 줄 테니 가지 말아라. 네가 없으면 명훈이가 안되겠다."

명훈은 이영훈의 동생이다. 이명훈은 타고난 성품이 활달했고 통솔력과 명석한 두뇌는 자랄 때부터 남다른 데가 있었다. 언니인 이영훈으로 인연하여 귀의하고 전무출신을 하였다. 그러나 자신의 포부와 꿈을 펴보지도 못하고 27세의 꽃다운 나이로 열반하고 말았다.

4) 간고했던 가정생활

대산 종사의 정토 의타원 이영훈이 어려웠던 가정생활의 회고이다.

"간고한 생활 속에서도 이 회상 만난 것만이 기쁘고 고생을 당연한 것으로 여겼다. 또한 어려움 그 자체를 고생이라고 생각지 않았다. 시대적으로도 일제의 압제에 살았고 그 당시 양식이 몹시 귀하였다. 견디다 못해 친정으로 양식을 얻으러 가지만 차마 아버님께는 양식 얻으러 왔다는 말씀을 드리지 못하였다.

아버님께서 물으셨다.

'어찌 왔느냐?'

'예. 진안(좌포 시댁)가는 길에 들렀습니다.'

그리고는 교당에 가서 하룻밤을 자고 왔다. 다음날 다시 친정에 들리면 피륙(아직 끊지 아니한 베·무명·비단 따위의 천을 통틀어 이르는 말)을 내주었다. 그러면 그것을 가지고 돌아와 총부 인근 만성리에 가서 쌀로 바꿔다 먹었다. 그러나 이도 쉽지 않았다. 일본 순경들은 쌀을 가지고 다니는 사람을 보면 그만 붙잡아 가버리는 것이다.

어느 날 만성리에서 나락으로 바꿔 오다가 임피에서 일인 순경에게 붙잡히고 말았다. 이때 서로 물물교환한 사람을 말하게 되면 모두 다 교도소로 가는 것이다. 그러나 다행히 이 위기를 모면하였다."

5) 한 지붕 세 가족

대산 종사의 『구도역정기』 내용을 중심으로 여러 내용을 정리한 이야기이다.

원기 22년, 사회적으로 백백교(白白教)사건이 터져 일제의 종교탄압이 더욱 극심해졌다. 백백교는 당시 사회에 많은 물의를 일으켰다. 이처럼 어지러운 때 불법연구회가 행여 의심의 여지를 갖게 해서는 안 되는 일이었다.

그때까지 소태산 대종사는 금강원을 조실로 사용하였다. 금강원은 총부 도량에서 가장 깊은 곳이었다. 교주가 깊은 곳에 있다는 것으로 일제에게 헐뜯는 구실을 주어서는 안 될 것 같았다. 그래서 소태산 대종사가 영춘원(현 종법실)으로 거처를 옮기기로 하였다. 그런데 영춘원이 사무실로 사용되고 있어서 사무실을 옮겨야 하는 형편에 놓이게 된 것이다.

이런 상황에서 의타원 이영훈은 남편인 대산 종사께 자신이 세 들어 살고 있는 방을 내놓아야 할 것 같다고 말하였다.

"다른 사람들은 희사도 하는데. 이 집을 총부에 내 놓아야겠습니다."

그때 이영훈이 세 들어 살고 있던 집(현 구정원) 주인인 신영기가 집을 교단에 희사하여 사무실이 이 집으로 와야 모든 일이 순조롭게 풀릴 것 같았던 것이다.

"아, 좋은 생각이오. 대종사님께 말씀드려야겠소."

대산 종사가 소태산 대종사께 살고 있는 집에 대하여 말씀드렸다. 그러자 소태산 대종사가 부인 십타원 양하운을 부르셨다. 양하운은

방이 셋인 집에서 한 칸은 결혼한 딸 박길선(청타원)이 살고 있었다. 그래서 소태산 대종사가 양하운에게 큰 아들 광전이가 쓰던 방 한 칸을 이영훈에게 주라고 말하였다.

이렇게 해서 양하운, 박길선, 이영훈 세 가족이 한 지붕 아래서 살게 됐다. 이영훈의 식구는 스물세 살에 낳은 첫딸 복균, 그리고 시동생들까지 8명으로 대가족이었는데 시동생들은 밥만 집에서 먹고 잠은 총부에 가서 자게 됐다.

6) 딸의 대학 진학 문제

의타원 이영훈의 큰딸 복균(적타원 김복균)이 고등학교를 졸업하고 대학 진학을 서울로 하겠다고 하였다. 이영훈이 남편인 대산 종사에게 말하였다.

"복균이가 서울 이화여대에 진학하겠다고 합니다. 상의하러 오거든 원광대학 가라고 말씀해 주세요."

며칠 뒤 복균이 와서 역시 서울로 가겠다고 말하였다. 대산 종사가 복균의 생각을 다 들은 후 동의하며 말하였다.

"너희 어머니는 네가 원광대학 가기를 바라더라. 그러나 너의 뜻이 그렇게 확고하다면 서울로 한 번 가보아라. 밖으로 나가서 외부 사람을 교단 안으로 데려올 수도 있지 않겠느냐. 돈은 어머니가 대어줄 터이니 어머니와 한 번 더 상의해서 결정해라."

7) 가정문제에 대하여

의타원 이영훈은 가정 살림을 남편인 대산 종사에게 의지하지 않았다. 한 번은 대산 종사가 이영훈에게 물었다.

"왜 가정문제에 대해서 평생 나한테 한 번도 사정 이야기를 하지 않은 것이오?"

"제가 무엇 때문에 통사정 합니까. 대종사님께서 늘 계시는데요."

5. 요양과 적공

1) 폐병에 전염되다

대산 종사가 원기 60년 9월 8일에 신도안 서용추 계곡에서 대중에게 한 이야기이다.

"김서룡(진산) 선생이 폐병으로 눕게 되어, 토혈과 하혈을 하여 위독한 경우가 되어 간호할 수도 없고 곤란한 처지에 있었다. 간호를 못하게 하였으나 동지가 죽어 가는 것을 볼 수가 없어 내가 간호를 해 줄 것을 각오하고 '폐병이 옮기면 폐병 그놈이 몹쓸 놈이지 내가 몹쓸 사람은 아니다' 하고 그 동지를 안고 미음도 먹여 주고 약도 먹여 주고 하여 내 품에서 보냈다. 또한 다른 동지가 그와 같은 병에 걸려 눕게 되었을 때도 내 손으로 간호해 주다 보냈다.

좌우에서 여러 말들이 많았으나 나는 동지를 혼자 보내게 할 수 없었다. 4,5개월 후에 나도 그런 병이 들었다. 좌우에서 뭐라고 하며 지나간 일을 갖고 이야기하기에 '그 폐병이 몹쓸 놈이지 그 동지가 몹쓸 사람이 아니다. 폐병이 나를 데려가지는 못할 것이다' 하고 치료에 정성을 다하였으나 병세가 더욱 악화됐다.

내가 그때 유감된 것이 있었는데 『대종경』을 편집하다가 완편하지 못한 것이 유감이었는데 주산 송도성 종사가 그것 놓고 치병에 정성을 다하라고 하시어 그것도 탁 놓고 해탈의 심경으로 살았다.

그때 주산 종사가 편지로 위로하고 또 직접 와서 문병도 해주었다. 나는 그때 주산 종사를 위로해 드렸다. 주산 종사가 영산에 계실 때 장어 큰 것 몇 마리를 사 보내 주어서 그것 먹고 큰 효과를 보았다.

그 후 양주에 가서 있었는데, 같이 가서 나보고 낚시질하며 치병을 하면 좋을 것이라고 권하기에 가만히 생각해 보니 내가 죽게 생겼는데 살아있는 고기를 죽이는 낚시를 하라고, 그것 타당치 않더라. 그래서 약초를 캐러 다니리라 마음먹고 채약하기에 전념을 다하였다.

병이 사람을 데려가지 못할 것이다. 주인이 짱짱하면 도둑놈이 들어 왔다가도 무서워서 도망가 버린다. 그와 같이 병마가 침노하면 살살 쫓아 버려라. 심신에 두지 말고 쫓아 버려야 한다. 쫓지 않고 놓아두면 영겁이 망하니까 못살 것 있으면 버려라. 그러면 영겁이 가볍다."

2) 꿈속의 대종사와 송도성

대산 종사가 『구도역정기』와 법문하는 중에 말씀한 이야기를 정리한 내용이다.

8.15광복이 될 무렵, 대산 종사는 폐가 좋지 않아서 총부 교감의 직

책을 그만두고 돈암동에 있는 경성(서울)지부에서 요양하고 있었다. 병세는 상당히 위독하였다. 대산 종사는 병마와 싸우면서 우연히 글 한 구절을 얻어 외웠다.

'함양대원기 보보초삼계 함양대원기 염념도중생(涵養大圓氣 步步超三界 涵養大圓氣 念念度衆生, 큰 일원의 기운을 함양하여, 걸음걸음 삼계를 뛰어넘고, 큰 일원의 기운을 함양하여, 생각생각 중생을 제도하리라)'

대산 종사는 죽음과 대결하면서도 불타는 서원이었다. 어느 날 밤 꿈속에 소태산 대종사와 주산 송도성이 나타났다. 소태산 대종사께서 송도성을 꾸짖었다.

"도성아, 대거가 저렇게 아파서 생명이 위독한데도 가만 보고 있기만 하느냐?"

"그렇지 않아도 대거의 약을 구하려고 온갖 노력을 다했습니다. 그러나 시국이 어려운 때라 도저히 약을 구할 수가 없습니다. 대용품 밖에 없습니다."

"시간이 바쁘다. 대용품이라도 어서 구해서 대거의 생명을 살려야 한다."

대산 종사가 이런 꿈을 꾼 지 사흘 만에 영광에서 풍천장어가 왔다. 송도성이 구해서 보내준 것이었다. 송도성의 사랑이 담긴 편지도 같이 왔다. 대산 종사는 송도성의 편지에서 병을 극복할 용기를 얻었고, 풍천장어로 육신의 건강 회복에 큰 도움을 얻었다.

3) 생사는 오고 가는 것

대산 종사가 서울교당(당시 돈암동회관)에서 요양할 당시를 『구도역정기』에서 회고하였다.

"내가 돈암동 서울교당에서 요양할 때 이름 모르는 할머니 한 분으로부터 큰 법문을 듣게 됐다.

어느 날 부터인가 근처에 사는 듯한 할머니가 새벽이면 집 주변을 돌면서 '생사는 가고 오는 것이니 애착 탐착 두지 말고 안심하소서!' 하는 것이었다.

나는 이 할머니의 법문을 듣고 위안도 받았으며 여기에서 관공(觀空)·행공(行空)·양공(養空)을 생각했던 것이다.

대종사님께서 말씀하신 보보일체대성경(步步一切大聖經)이란 바로 이런 것이 아니던가? 죽음을 가까이 느끼면서 그 속에서 생사일여(生死一如)의 경지를 더듬게 됐다.

그래서 나는 '생래(生來)에 생불생(生不生)이요 사거(死去)에 사불사(死不死)로다. 불생(不生)이라 불멸(不滅)하고 불멸(不滅)이라 불생(不生)이라'는 글귀를 적어보았다.

어찌 생각하면 더할 수 없이 소중한 요양시절이었다. 오로지 한 생각 뭉치고 맑히며 밝히는 데에만 온 정력을 쏟을 수가 있었기 때문에 병을 잊을 수 있었다.

그래서 나는 많은 은혜를 입게 됐다. 서울의 한약방 전 원장께서는 무료로 나를 치료해 주셨고, 주산 종사께서는 영산에 계시면서 장어를 구해 보내주셨다. 승타원(송영봉) 숭타원(박성경) 등도 나의 뒷바라지를 위해 많은 정성을 기울였었다."

4) 송추에서의 요양

대산 종사가 경기도 양주 송추에 있는 팔타원 황정신행의 별장(현 한국보육원)에서 요양 할 때의 이야기를 원기 61년 8월 19일, 신도안 서용추 계곡에서 제1차 하계 교역자훈련 법문 중 회고한 이야기이다.

"내가 아파서 서울서 죽게 됐는데 한의나 양의나 다 죽는다고 하였다. 죽을 바에는 공기 좋은데 내던지자 해서 양주라는 곳에 가서 일년간 선(禪)을 하였다.

나보고 병이 낫는다고 고기를 낚으라 하는데 내가 죽어도 고기를 못 낚겠다고 하였다. 또 나 있는 곳에 고기를 사다 놓았다. '나도 갇혀서 병이 곤한데 물고기까지 그러느냐 가져가 버려라' 하였다. 그리고 날마다 산에 다녔다. 한 일 년 다니는데 그때는 모든 것이 귀한 일제 때라 약 한 첩, 사과 한 쪽, 복숭아 한 쪽 없고 단지 고추장 조금 먹는 것이 영약이었다. 고추장을 김치와 비벼서 먹고 혹 별찬을 먹는 것은 산에 가서 더덕 캐어 고추장에 찍어 먹는 것이다. 그때 밥 한 그릇을 못 다 먹는 때여서 내가 산중에 있으니 일곱 달 먹을 것을 황 선생(황정신행)이 주는데 내가 산에 있으니 총부나 서울서 사람들이 많이 와, 그래도 낮에는 하지감자 세 개, 아침에는 밥 좀 먹고, 저녁에는 죽 끓여 먹고 누가 오던지 평상시와 같았다.

여자들이 오면 꼭 그만큼만 내주었다. 열이 오든지 스물이 오든지 죽 끓여서 먹을 정도로 내 놓았다. 하지감자가 영양이 별로 없어도 내가 양주에 갈 때 서울서는 굉장한 돈을 들여서 치료를 했는데 이곳에서는 돈 안 들이고 몸 근수도 늘고 처음에는 5분 10분을 걷지 못했는데 나중에 7~8개월 되니 붙을 데만 있으면 올라갔다. 선보(禪步)로 간다. 이렇게 턱 갔다가 온다. 산은 참 복된 곳이다. 백 번 가도 백 번 다 환영한다. 맞아 준다. 아무리 친절한 일가라도 세 번만 보러 오면 저 사람이 무엇 하러 와 앉았을까 할 것인데 산은 일 년을 있어도 반겨 준다. 뱀이나 산짐승을 두려워하는데 이거 너나 나나 같다. 네가 날 잡아 먹든지, 그 자리에 누워 버리면 비켜 간다. 밤에는 노루 사슴들이 와서 노래 부르면 나는 음미하였다. 다른 데서는 글을 많이 썼지만 그곳에서는 몇 자 안 썼다.

여의자재옹(如意自在翁)이 건곤독보행(乾坤獨步行)이라. 여의 자제한 늙은이가 건곤을 혼자 밟고 다닌다. 천지가 내 천지거든 욕탈삼계옥(欲脫三界獄)인대 삼계옥을 벗어나고자 할진대 선제삼독심(先除三毒心)하라. 먼저 삼독심만 벗어 버려라. 그러면 천하가 삼계옥중에 사는 것 같다. 그런데 삼계옥을 벗어난다.

내가 허리에 자극을 받고 폐에 자극을 받았는데 삼년 뒤에 나았다고 해서 고영순 박사한테 진단을 해 보니 놀래더라. 응고됐다고, 지금도 폐에 사진을 찍으면 멍텅이가 되어 아무 것도 없다. 옛날에는 파스니 뭐 약도 없던 때라, 약 한 첩 안 먹고 다 나았다. 나는 큰 병 있으면 무서워 않는다. 나 혼자 보따리 하나 주면 나는 걱정할 것이 없다. 고추장만 있으면 더덕도 캐고 도라지도 캐고 산나물도 해서 먹으면 된다."

5) 아들 낳는 약

대산 종사가 양주 송추에서 요양할 때를 원기 59년 6월 5일에 회고한 이야기이다.

"내가 양주에서 정양할 때에 송현풍 선생이 같이 있었다. 그가 상(相)을 잘 보는데, 하루는 부원이 아파서 약방에 약을 지으러 갔더니, 의사가 내가 송현풍 선생인 줄 알고, '내가 아들을 낳지 못해서 마누라를 몇 얻었으나 아직 낳지 못했으니 상을 봐 달라'고 하며 약을 안 지어 주더라. '나는 상을 볼 줄 모른다'고 하여도 막무가내이고 '아들만 낳게 하면 재산 반을 준다'고 하여 '나는 약만 지어 가면 된다'고 대답하니 계속 안 지어 주므로 그러면 '내 말 잘 들으시오' 하고 '당신의 눈살이 심하니 큰 마누라한테 가서 눈깔질 말고 부드럽게 눈뜨고 욕도 말라' 하니 '그러겠다'고 약속하며 약을 지어주어 가져왔다.

몇 년 후 송현풍 선생이 거기를 갔더니 '그 선생님 어디에 계시냐!' 하면서 '그 후 아들을 낳았으니 내 재산 나누어 드려야 하겠다'고 하므로 그때 '그 선생님은 돈 받을 분이 아니다'고 대답했다고 한다."

6) 허공을 찾으러 왔소

대산 종사가 서울교당에서 5~6개월 요양을 하다가 원기 29년 양주의 송추에 가서 요양치료를 하였다.

요양을 하고 있는데 마을 사람들이 찾아와서 물었다.

"여기에 무엇 하러 오셨소?"

"나는 허공을 찾으려고 왔소."

"허공을 찾아서 무엇 하려고요?"

"허공을 내 것으로 삼으려고 합니다."

"……."

7) 석유등 하나로 몇 개월을

대산 종사가 양주에서 요양할 때의 일을 『구도역정기』 등에서 회고한 이야기이다.

"내가 양주에서 7~8개월을 수양하고 있을 때 석유등 하나에 있는 기름 갖고 썼다. 옆에 있는 사람은 석유를 한 초롱이나 써 버리더라.

나는 등 하나 갖고 필요할 때만 쓰고 얼른 끄고 하였다. 왜냐하면 '내 건강이 이 호롱불 같이 달아 질 것이다' 고 표준을 세워 잘 때 옷 벗어 놓고 찾을 때 잠깐 켰다 끄고 하여 그 등불의 기름이 8개월을 쓰고 났는데도 10의 8할 남아서 일 년 쓰고도 남겠더라. 그래서 그것을 옆집에 갖다 주니까 그 집 주인이 그동안 무엇을 썼느냐고 하며 집에서 갖다 썼느냐 하여 아니라고 하니 놀래더라.

그리고 내가 양말 한 켤레를 갖고 1년을 신어야 되겠다고 해서 매일 신고는 빨고 떨어지면 기워 신고하니 살이 붙어 가지고 버선 같이 되었어도 한 켤레 가지고 살았다.

또 예전에 대종사님 모시고 살 때 여름에 부채 하나를 가지고 몇 년을 써야겠다고 생각하여 바르고 붙이고 해서 3년을 썼다. 그때는 젊었을 때니까 부채가 없는 것은 아니었다. 꼭 이 부채를 놓아두고 표준생활을 해야 되겠다 생각하여 3년을 썼었다.

그 뒤 부엌 부채로 가져갔는데 몇 년 더 썼는지 모르겠다. 이 근래에는 부채를 아예 쓰지 않는다. 그러니까 100년도 쓸 수 있는 자신도 있지. 자기의 생활신조와 생활철학을 하나 세워 놓아야 한다."

6. 서울생활

1) 빵 한 개의 정

대산 종사가 원기 59년 11월 9일, 청산 유청사 교도에게 법문 중 정각사에서 서울출장소장으로 근무 당시의 이야기를 하였다.

"내가 한남동 수도원(남산 정각사)에서 해방 후 고아원(보화원) 책임자로 있을 때, 월남한 어느 중년 남자가 자기 아이를 맡기고 가서 보호해 주었다. 그러나 아이는 38선을 넘어오면서 얻은 병으로 결국 죽었다. 그 후 그 중년이 왔기에 퍽 미안하게 생각하고 사실을 이야기 했더니 그가 오히려 몸 둘 바를 몰라 하며 미안해하더라. 그때는 모두 빵으로 밥을 대신할 때라 빵 한 개씩으로 서로 정을 나누고 헤어졌는데 뒤에 우리가 점유하고 있던 그 땅이 태고종에 넘어갔음을 알고, 그 수습을 서두르고 다녔는데 거의 불가능한 상태에까지 다 달아 내가 직접 관재국에 가서 처리해 볼 작정으로 그곳에 갔다. 마침 그 아이의 아버지(조상진)가 과장으로 있음을 알고 그 일을 부탁했더니 보은의 기회로 알고 일주일 만에 완전히 우리 앞으로 이전시켜 주어 큰일을 해결한 일이 있었다. 내가 그와 빵 한 개씩을 나누며 정을 통했을 따름이나 큰일에 협력했다. 그러니 사람은 서로 믿고 알뜰히 그 정의만 다하면 돌아오는 법이다."

2) 나 같으면 맡아서

대산 종사가 원기 61년 1월 21일, 법문 중 서울출장소장으로 근무 당시의 이야기를 하였다.

"하루는 서울시청 직원이 다 죽어가는 고아를 한남동 정각사에 있는 서울보화원으로 데리고 와서 나에게 '시내 고아원을 거의 다녔으나 받지 않으므로 여기에 왔습니다' 라고 부탁하였다.

나는 단독 결정할 수 없어 보화원 은타원 조일관 원장과 임원들을 불러 공사에 부치며 '나 같으면 맡아서 기르겠으나 보화원 임원들의 의향은 어떠시오?' 라고 물었다.

조일관 원장이 긴 말없이 짤막하게 대답하였다.

'이 아이를 우리가 안 맡고 누가 맡겠습니까?'

원장의 이 말에 다른 임원들은 군말을 하지 못하였다."

3) 이승만과 김구와의 만남

대산 종사가 원기 47년 4월 17일 법문 등에서 여러 번 회고한 이야기이다.

"한남동에 있는 약초관음사(원불교에서 인수 후 정각사라 함)는 당시 일본인 승려들이 관리하는 절이었다. 우리 교단을 감시하고 대종사님을 감시하기 위해 10년을 내왕한 사람이 있었다. 중천 겐타랑이라는 조선총독부의 촉탁(囑託)이 있었는데 한국 여자와 결혼하여 살고 있었다. 대종사님께서 서울에 오시면 꼭 찾아와 감시하곤 하였었다. 그런데 일본이 패전하여 돌아갈 때 약초관음사를 맡겨야 하는데 다른 단체들을 보았을 때 맡길 만한 단체나 사람이 없어서 그동안 자기가 지켜 본 원불교에 맡기면 될 것 같아 '약초관음사를 맡길 곳은 원불교뿐이다'라고 하면서 스님과 협의하여 우리가 불하를 받게 됐다. 그런데 차지는 우리가 하였어도 관리를 할 수가 없었다. 당시에 나는 양주에 있다가 서울에 왔었는데 도저히 관리를 할 수가 없다는 말을 들었다.

당시만 하여도 가난하고 민심이 좋지가 않고 법도 제대로 잡혀 있지 않아 도둑이 많아서 하루에도 몇 명씩 찾아와 물건을 훔쳐 가고 괴롭혔었다. 한번은 대훈이와 여자교무들이 그곳을 지키는데 밤에 강도가 들어와서 김대훈이를 묶어서 목욕탕에 가두어 놓고 여자교무들의 겉옷을 벗겨 가버렸다. 사정이 이렇게 되고 보니 교단의 많은 사람들이 필요 없는 것이 들어왔으니 다시 돌려주자고 하였었다. 하지만 내 생각에는 교단을 감시하고 대종사님을 주시하던 그들이 감복하여 우리를 믿고 주었는데 즉 대종사님께서 우리에게 주신 것이나 마찬가지라고 생각하니 그냥 돌려줄 수가 없었다.

그때 주산(송도성)종사, 제산 박제봉 정사 등이 같이 있는 자리에서 '그곳에 내가 가서 지켜보겠다'고 하였다. 모두가 몸이 약해서 지킬 수 없다고 걱정을 하였지만 나는 할머니 한 분과 학생 한 명만 같이 있게 해 달라하여 그곳에 가서 살기 시작하였다. 미군들이 버린 옷으로 갈아입고 아주 허름한 모습으로 살고 있는데 아침저녁으로 도둑들이 들어왔다. 주로 아침 일찍이나 저녁 늦게였다. 도둑들이 올 시간이면 문을 활짝 열고 도둑들에게 청소를 하자하여 함께하고 청소가 끝나면 밥을 먹여 보내기도 하고 청소하자고 하면 그냥 도망가는 사람도 있었다. 이렇게 지키는데 도저히 견딜 수가 없어서 다른 방도를 생각해 봤다.

당시 팔타원(황정신행)님과 함께 보육원을 하기로 하여 어린이들 50여 명을 모집하여 보육원을 시작하였다. 이렇게 하니 일반 도둑들은 끊어졌는데 이제는 경찰들이 괴롭혔다. 경찰들이 찾아와 수색한다고 묶어놓고 물건을 훔쳐가곤 하여 도저히 막아내기 힘들어 생각 끝에 박충식 국회의원(경성지부 초대 지부장, 진정리화의 부군)을 시켜 이승만 박사와 장관들을 초대하기로 하였다. 초대를 받고 이 박사, 조병옥 등 많은 장관과 서울시장이 왔었는데 그들은 그 뒤로도 계속 찾아왔었다. 이렇게 되니 경찰들도 꼼짝하지 못하고 찾아오지 않았다. 그렇게 해서 한남동을 지키게 됐다.

이승만 박사를 그곳에서 알게 되었는데, 당시 정부에서는 그곳 한남동에 서울대학을 지으려고 하였다. 하지 중장의 고문이며 이승만 박사의 정치적 고문인 쿠펠러라는 사람이 그곳에 대학을 시작하려고 찾아 왔었다. 마침 그때가 겨울이라 쿠펠러 씨는 안으로 들어오고 기사는 밖에서 떨고 있어서 들어오라고 하였더니 그가 선뜻 들어오지 못했다. 그래서 부처님의 나라는 평등하니 들어오라고 하여 그들도 함께 차를 한 잔씩 하였다.

그런데 쿠펠러 씨가 이곳이 좋다고 하면서 닥터 리도 친구이고 닥터 김도 친구라고 했다. 쿠펠러 씨는 아주 젊은 나이이고 이 박사나, 김구 주석이 아버지 나이가 되는데도 그런 말을 하니 동양에서는 친구라 하지 않고 존경을 해야 한다고 하였더니 금방 알아듣고 고맙다고 하면서 나중에 두분을 모시고 셋이 오겠다고 했다.

당시에는 이승만 박사나 김구 주석을 모든 국민들이 국부로 모시기 때문에 그들을 만나기가 여간 어렵지 않았었다. 쿠펠러 씨도 하지 중장의 고문이고 이 박사의 정치 고문이었으므로 만나기가 극히 어려웠다.

쿠펠러 씨가 다녀간 후에 팔타원님이나 여러 사람들에게 세 분이 오시기로 약속했다고 하니 그 분들이 웃으시면서 믿지 않았다. 온다는 사람들에 대해서 나보다 더 잘 알기 때문에 나도 의심할 정도였다. 온다는 약속을 하였기 때문에 준비를 해야 하는데 찻잔이 없어서 간장 그릇 30여 개를 사다가 찻잔으로 사용하려 하였다. 준비를 하고 날짜를 기다리고 있는데 약속한 날짜보다 2일이나 빨리 왔었다. 이 박사를 비롯 조병옥, 김병로, 장택상, 장덕수 등 장관급들을 태운 5,6대의 차가 들이 닥쳤다. 처음 본 이 박사의 얼굴은 깨끗하고 밝았었다.

이 사람들이 도착하여 법당으로 안내를 했는데 신발을 벗지 않고 들어가려고 해서 영어를 할 줄 아는 이에게 물어 쿠펠러 씨에게 신발을 벗으란 말로 "No Shoes"라 했더니 금방 알아듣고 같이 온 사람들에게 신을 벗으라 하여 신발을 벗고 들어갔다. 법당에 들어갔는데 사람은 많고 낡은 의자가 2개밖에 없어서 귀빈들만 앉게 하고 다른 사람들은 방석을 깔고 앉아 면담을 하였다.

그들이 들어와서 처음으로 묻는 말이 원불교에서는 공산주의를 좋아하지 않느냐고 묻더라. 그래서 세상의 모든 것이 다 같은 것인데 좋고 낮은 것이 있을 수 있느냐 하고 그때는 이승만 박사가 총부 방문 전이었고 원불교에 대해서 알지 못했기 때문에 대종사님 이야기와 원불교에 대한 이야기를 많이 해주었다.

여러 말이 오가다가 내가 이 박사를 찾아가려 하여도 그곳은 새나 날아가지 갈 수가 없는 곳이라고 하였더니 당시 비서인 이기붕, 윤석호를 불러 나에게 사인을 해주라 하여 그 후로 그 사인만 가지면 이화장(梨花莊)을 자유롭게 출입할 수 있었다.

한번은 선 법사(정산 종사)님께서 서울에 오시어 이 박사를 만나시게 하려고 찾아갔었는데 비서들이 지금 이 박사께서는 바쁘시니까 나가면서 길에서 잠깐 보자고 하였다. 나는 이렇게 소홀한 대접을 받아도 상관이 없는데 선 법사님께서 오셨는데 이렇게 소홀히 하면 안 될 것 같아 바쁘시면 다음에 오겠다하고 돌아와 버렸다. 그 뒤 선 법사님께서는 이 박사를 만나지 못하셨다.

그러는 중에 김구 주석과 김규식 씨 등이 북한에 남북회담을 위해 갔었는데 온 국민의 관심이 두 사람에게만 쏠렸다. 한국의 애국자는 두 사람뿐이고 이 박사는 외국에 가서 호강만 하고 돌아왔지 진정한 애국자가 아니다 하며 모두 이 박사의 곁을 떠났고 모든 신문, 언론들도 이 박사를 비난하는 내용을 내보내 더욱 국민의 외면을 받았다. 그런데 내 생각에는 이 박사가 북한을 방문하지 않는 데는 깊은 뜻이 있는 것 같아 찾아갔더니 그동안 200여 명의 비서들이 감시를 하고 따르더니 그때는 단 2명이 나를 맞이하였다.

그들의 안내로 이 박사 있는 곳으로 가니 나를 보고 '모든 신문, 방송과 국민이 나를 비방하는데 당신도 나를 비난하러 왔소' 하더라. 그래서 나는 '가야 할 때에 가지 않은 것은 잘했다' 고 하니 왜냐고 묻더라. 그래서 '김구 주석이나 이 박사님은 국부로 추앙 받고 있는데 두 분이 같이 북에 갔다가 모두 돌아오지 못하면 어찌되겠습니까. 이제 김 주석께서 북에 갔으니 다음에 성과가 좋으면 나중에 가면 될 것이 아닙니까?' 라고 하였더니 이 박사가 하는 말이 '내가 공산주의 성질을 알기 때문에 가지 않았는데 국민들은 그것을 알아주지 못한다. 서울에서도 내 마음을 알아주는 이가 꼭 한 분 있다' 하면서 심정의 이야기를 해주더라.

그 뒤부터는 관계가 친밀해져 무상출입을 하게 되었고 이러한 기연으로 총부까지 방문하게 되었으며 또한 이 박사를 통해 김구 주석을 알게 됐다. 그때만 해도 김구 주석과 이승만 박사는 형님 동생 하면서 친하게 지냈다.

상산(박장식)님과 내가 이화장을 방문하였는데 그곳에서 김구 주석과 부통령을 지냈던 이시영 선생을 만났는데, 많은 사람이 모인 그 자리에서 이 박사가 우리를 '불교혁명운동을 하는 사람들' 이라고 소개하면서 김구 주석과 이시영 선생에게 우리와 교단에 대해서 많은 이야기를 해 주었다. 소개를 받은 김구 주석은 당신이 중국에 있을 때

불교혁명을 해야 한다고 생각했었는데 원불교에서 불교를 혁명하고 있다고 소감을 말했다.

그 뒤에도 계속 왕래를 하였는데 한번은 나에게 찾아와서 당신은 이승만 박사가 있으니 모든 것을 그 분에게 맡기고 충청도 마곡사에 들어가 수양을 하겠다고 하더라. 그 전부터 내가 자주 권했으나 그날은 그 분이 먼저 말을 하였다. 그래서 내가 미군이 나에게 선물한 담요와 우의를 김 주석에게 선물로 주었다.

그분의 생각은 훌륭하였다. 세계적으로 보아도 권력을 차지하기 위해 서로 싸우는 사람은 많은데 사양하는 영웅은 없었다. 나의 선물을 받고 돌아갔는데 며칠 후에 다시 찾아왔다. 그분이 하시는 말이 '나는 가고 싶은데 주위 사람들이 놓아주지 않아서 가지 못했다'고 하였다. 그 뒤 마곡사에 가는 것을 포기하셨다.

또한 북한에 다녀오셔서 나를 찾아와 하는 말이 '이 박사가 북에 안 가기를 잘했다'고 하시면서 당신이 이북에 갔었을 때 '김일성의 아버지가 나의 친구이고 김일성이 아침마다 문안을 하였다'고 하셨다. 그런데 회담을 하기로 시간과 장소를 정해서 준비만 해놓고 시간이 되면 나오지 않고 시간이 없어서 회의에 참석할 수 없다고 하여 제대로 회의도 못하고 돌아 오셨다는 것이었다.

그 뒤에도 김구 주석과는 계속 내왕을 했는데 하루는 연락 없이 찾아와 오늘이 당신 생일이라 주위 사람들이 생일잔치를 하려고 하니 피해서 이곳에 법설 들으러 왔다고 하였다.

'중국에 있을 때 어머님의 생신을 맞아 주위 사람들이 생일잔치 하라고 모아 준 돈을 독립도 못한 사람이 생일잔치를 해서는 안 되겠다 하시며 독립자금에 보태라고 하셨는데 지금 남북문제도 해결되지 않고 나라가 어려운데 생일잔치를 하는 것이 이치에 맞지 않습니다.'

김 주석은 부담이 없고 드시는 것도 가리지 않으셨다. 그때에도 국수를 대접하였다.

후에 당신의 수양딸을 데리고 찾아왔었다. 그 양딸이 혼자되어 이 박사를 찾아갔는데 만나지 못하고 당신에게 찾아왔다고 했다. 충청도 사람인 이 여자는 남편이 8.15광복 전에 전사하고 혼자됐다. 딱한 사정을 들은 김구 주석은 어디에 맡길 곳을 찾다가 내게 데려와서 그 양딸을 양로당 노인의 시모로 삼아 2년간 내 곁에 있었다. 그때부터 매주 일요일 마다 내왕하는 수양딸을 통해 김구 주석에 대한 소식을 들을 수 있었다.

친분이 더욱 더 두터워지게 된 어느 날 '이번에 소련 대표(이북에 있는)가 자기와 이 박사를 만나려고 내려왔는데 당신은 미워서 인사도 안했는데 이 박사는 무엇이 좋아서 반가워 악수를 하는지 모르겠다' 는 말을 했다. 그 말을 듣고 생각하였다. 적어도 한 나라의 책임자는 밉고 좋고 간에 손을 잡고 화해해야지 그렇지 못한 사람은 이 나라의 책임자가 되지 못하고 이 박사가 이 나라를 이끌어 가겠다는 생각이 들었다.

그때 까지만 하여도 김구 주석과 이승만 박사의 관계는 아주 좋았는데 따르는 아랫사람들이 서로 권력을 잡으려고 흉을 보고 비방하였다. 나에게도 찾아와 서로를 비방하였기에 두 사람의 관계를 끊어야겠다고 생각하였다. 서로 비방하는데 중간 입장에서 취사하기가 매우 힘들었다. 그래서 그들과 왕래를 끊고 원평에 내려와 지내는데 김구 주석이 저격을 당했다는 말을 듣고 당시 원평 부근 산에서도 많은 사람들이 국부가 돌아가셨다고 기도를 했으며, 나도 일생을 나라와 동포를 위해 헌신하셨던 분이 돌아가셨으니 큰 슬픔을 말로 표현할 수 없었다.

큰 슬픔을 달래면서 만사를 한 장 써서 슬픔을 대신하였다.

의우흡족삼천리강토(義雨洽足三千里彊土)
덕운훈몽삼천만동포(德雲薰蒙三千萬同胞)
명호만년대계불귀허(鳴呼萬年大計不歸虛)
복원도솔천궁혼청비(伏願兜率天宮魂淸飛)

정말 아까운 분이셨다. 나와도 친분이 두터웠고 선 법사님께서 한남동에 1개월 계시는 동안 3~4차례 만나셨다. 세월이 흘러 김구 주석 동상 제막식을 하였는데 후에 참배도 하며 마음을 달랬다.

김구 주석과 같이 알게 되었던 이시영 선생도 그 후 계속 내왕하며 친분을 쌓았다. 몇 년 전에 서울에 갔었는데 국회의원 이종찬 씨가 나에게 찾아온 적이 있다. 나를 찾아와 이시영 선생이 자기 종조부라 하면서 인사를 하더라. 지금도 가끔 찾아온다."

4) 정각사를 자주 찾은 백범

대산 종사가 백범 김구와의 인연을 『구도역정기』와 종법사 시절 여러 번 다양하게 회고한 이야기이다.

"백범 김구 선생과는 유난히 자주 만나게 되었는데 물론 이승만 박사의 소개도 있었지만, 팔타원(황정신행)님께서 부군인 강익하 선생을 통해 많은 이야기를 하셨던 것이 계기가 되기도 하였다. 팔타원님께서는 틈틈이 강 선생에게 우리교단에 대한 이야기를 하여 평소 좋은 인식을 하고 계셨다. 백범 선생과 강 선생은 사제지간이었다. 백범 선생이 한때 글방 훈장을 하실 때 강 선생이 글을 배웠다.

이러한 인연 관계는 백범 선생이 상해에서 해방이 되고 귀국을 하셨을 때 강 선생은 한달음에 달려가 죽은 사람을 다시 만난 듯 기쁨을 표시했다. 부자간처럼 긴밀한 인정 속에 그로부터 백범 선생의 활동자금을 많이 대게 됐다. 이러한 교류 속에서 강 선생은 불법연구회에 대한 이야기를 간간이 하셨던 것이다.

'전북 이리에 총본부를 두고 있는 불법연구회에는 종사님이라고 하는 큰 도인이 계신답니다. 거기에 다니는 신도들은 모두 방짜(아주 좋은 사람이나 물건 따위를 속되게 이르는 말)입니다. 제 안사람도 거기 다닙니다. 그곳 사람들은 속세인과는 다릅니다. 시기질투 중상모략이 없고 과욕도 부리지 않는데 그 위대한 스승의 상수제자가 서울에 와 있답니다. 언제 한번 만나 보시지요.'

강 선생이 불법연구회와 나에 대한 예비소개를 백범 선생에게 그렇게 하였던 것이다.

이화장에서 처음 만난 백범 선생은 그 후 자주 한남동에 들리셨다. 처음 백범 선생이 오셨을 때 일인들이 쓰다 남은 의자가 하나 있어 그 자리에 모시려고 했더니 백범 선생은 극구 사양하셨다.

하나밖에 없는 의자 거기는 내가 앉아야 한다면서 자기는 청법자(聽法者)라고 하셨다. 그리고는 꼭 존경어를 쓰셨다. 나는 민망해서 '아버지 같으시니 말씀을 낮추십시오'라고 했더니 백범 선생은 아니라고 하시면서 '종교인은 어디까지나 정신의 지도자인데 그렇게 세속인들처럼 함부로 말을 낮출 수는 없습니다'고 하셨다.

때때로 머리 아픈 일이 생긴다든지 틈이 나면 한남동에 오셔서 쉬고 가셨던 백범 선생님, 그분은 상해 임시정부 시절의 이야기를 밤늦도록 목이 메이시며 들려 주셨고 거기에 모인 우리 교역자들에게 붓글씨도 써 주셨다. 그러나 얼마나 곤궁한 생활이었는지 종이가 없어 그분의 친필을 다 받지 못해 오늘날 퍽 아쉬운 마음이 남아있다.

어느 날은 예고도 없이 백범 선생이 오셨다. 생신을 맞이하여 주위의 술렁거리는 눈치를 보고 이곳 한남동으로 오셨다는 것이다. 그러면서 상해시절 주위의 동지들이 어머님 생신을 맞아 돈을 드리면 어머님은 그것을 모아 독립자금에 보태라고 내놓으셨다고 말씀하시며 내가 어찌 생일상을 받을 수 있겠느냐고 하셨다. 더구나 우리나라 형편이 안정이 안 되고 남북문제가 해결이 안 된 상태에서 그럴 수는 없다고 하셨다. 그리고 우리에게 밭에 있는 콩잎을 쪄 된장과 함께 주면 좋겠다고 하시면서 '만일 시장에 반찬을 사러 가는 일이 있으면 나는 이대로 일어날 것입니다'라고 하셔서 있는 그대로를 대접하였다.

어느 때는 맹장염으로 수술한지 일주일이 된 며느리를 데리고 오셔서 '이 사람 누울 자리 좀 마련해 주시오' 하시고는 한동안 요양하게 하셨다.

소탈한 서민의식, 국가와 민족을 위해서는 생명을 걸었던 애국지사, 천추만대에 그 이름은 영원히 빛날 것이다. 우리는 이러한 훌륭한 어른을 대접하면서 특별히 신경 쓸 일이 없었다. 그때 한남동 주변에는 복숭아밭이 있어 여름이면 거기서 따온 복숭아를 대접하기도 하였다."

5) 이승만의 총부 방문

대산 종사가 『구도역정기』와 원기 47년 4월 17일 등에서 여러 번 회고한 이야기이다.

"원기 31년 6월 5일에 이승만 박사가 우리 총부를 방문하였다. 그분이 총부까지 방문을 하게 된 것은 당시 내가 서울에 있었을 때부터 왕래를 하며 친분을 가졌었기 때문이다. 선 법사(정산 종사)님께서 초청하시었는데 마침 이 박사가 전국을 순회하실 때였다.

당시 이리에서는 이 박사 환영위원회가 조직되어 김정수 씨가 환영위원장이었다. 이 박사가 이리에 도착하자 미리 준비해 놓은 환영식장에서 환영식을 하였는데 우리도 선 법사님을 모시고 참석하였다.

그런데 환영식이 끝나고 문제가 생겼다. 당시만 하더라도 차가 굉장히 귀한 때라 우리에게는 차가 한 대도 없었다. 그런데 환영위원회에서는 여러 대의 차를 준비하여 환영식이 끝나자마자 이 박사를 모시고 떠나버렸다. 이 박사 일행도 우리를 만나고자 하였으나 정작 만나야 할 우리는 그곳에 남아 있고 그들만 떠나버렸었다.

　마침 당시의 이리경찰서장이 우리와 친분이 두터운 사이였다. 그 서장도 끝까지 가지 않고 남아 있었는데 우리가 그런 이야기를 하였더니 지금은 차를 부를 수가 없으니 자기 차를 사용하라 하여 선 법사님 먼저 총부로 가시게 하고 우리는 이 박사 있는 곳으로 갔다.

　하지만 당시 위원장인 김정수 씨가 우리와 이 박사와의 관계를 알지 못하여 내가 면회를 요청했는데도 만날 수 없다는 것이었다. 할 수 없이 이 박사는 만나지 않을 테니 프란체스카 여사만 만나게 해 달라고 하여 면회를 하였다. 프란체스카 여사가 나를 보는 순간 반갑게 맞이하면서 '선생님이 오셨다' 하면서 우리를 이 박사에게 안내해서 이 박사를 만나 총부로 모시고 왔었다.

　총부에 도착하여 대종사님 성탑에 참배하고 선 법사님과 만나셨는데 선 법사님께서 반갑게 맞으시며 이 박사에게 그동안 해외에서도 큰일을 하셨습니다. 어려운 방문을 하였는데 방문 기념으로 글을 하나 써 달라 하셨는데, 이 박사께서 「성경신(誠敬信)」을 그 자리에서 써 주시어 지금 원광대학교에 보관하고 있다. 그때서야 김정수 씨도 우리와 이 박사와의 관계를 알고 자기도 부탁을 하여 이 박사에게 「신망애(信望愛)」라는 글을 받았다(이승만 박사의 글인 「성경신」은 현재 원불교역사박물관에 보관되어 있다).

　총부를 다녀간 뒤로 이 박사는 한남동에 3~4번 찾아 왔었다. 이승만 박사, 김구 주석 등을 만나게 된 것은 한남동 정각사를 우리 교단에서 인수하게 된 것이 인연으로 이어졌었다."

7. 대종경

1) 밥값 하셨소

대산 종사가 원기 54년 12월 23일에 법문하며 회고한 이야기이다.

"내가 아파서 원평교당에서 정양할 때에 나는 아무 재주가 없으므로 이 집에서 내가 할 일이 무엇인가 하여 일을 찾아 그 일을 하니 감원 노인이 '밥값 하셨소?' 하고 말하더라(시래기 엮기를 서툴게 함). 천하를 내 집 삼고 일하는 사람은 어느 때 어느 곳을 가나 먼저 할 일을 찾아 그 일을 분야대로 하고 갈 뿐이다. 사람이 일하려고 세상에 나왔으니 일만 하자."

2) 밥과 욕을 같이 먹으며

대산 종사가 원평교당에서 요양시절 모악산 대원사에 다녀왔던 이야기를 원기 72년 12월 20일, 원평교당 신축봉불식에서 회고한 이야기이다.

"한 번은 대원사를 늦게 들어갔더니 밥을 먹었냐고 해서 안 먹었다고 했더니 밥을 차려다 주며 '이 자가 밥을 얻어먹으려면 일찍 이나 오지' 하면서 욕을 해서 나는 밥과 욕을 같이 먹으면서 저녁식사를 마쳤다. 다음 날 일찍 일어나서 싸리비를 들고 마당을 쓸고 일을 해 주니 좋아하면서 내 손을 꽉 잡고 같이 살자고 하더라."

3) 부처님 못 보았소

대산 종사가 원평교당에서 요양하던 시절 일화를 원기 63년 1월 7일에 서울교당·정릉교당·중구교당 교도들에게 법문 중 회고한 이야기이다.

"내가 집에 가만히 있으니 갑갑하기도 하여 산으로 약초도 캐고 소풍도 하며 다녔다. 하루 가고 이틀 가고 하여 1년을 다니니 옷이 가시에 찢기여 기워 입을 내야 기울 수도 없게 생겼었다. 그래 떨어지면 떨어진 대로 입고 다니니 귀부인들이나 다른 사람들이 내가 지나가면 비켜서 갔다. 어느 날 경상도에서 왔다는 노인 10여 명이 가면서 나에게 물었다.

'아! 여기 부처님 못 보았소?'

'나는 못 보았습니다.'

그들이 거기 있으면서도 부처님도 못 보았느냐고 나를 혼을 내더라. 혼도 나게 되었지. 내가 물었다.

'그런데 부처님이 어디에 계시기에 부처님을 뵈러 가십니까?'

'금산사 부처님도 모르오.'

'난 못 보았소.'

'그러면 우리하고 같이 가십시다.'

나는 그들과 금산사에 함께 갔다. 그들은 금산사에 가서는 법당의 부처한테 절을 굉장하게 하였다. 내가 간단히 서서 경례를 하니 말하였다.

'그렇게 하지 말고 우리처럼 하시오.'

'나는 아직 부처님 못 뵈어서 그렇게 합니다.'

그들은 절을 마치고 난 후 오층석탑으로 가서 탑을 자꾸 돌았다. 그래서 내가 물었다.

'뭐 하려고 자꾸 그렇게 돕니까. 다리 아픈데.'

'극락을 가려면 이 탑을 자꾸 돌아야 됩니다.'

나는 그들에게 말하였다.

'자기 육신의 탑을 마음 부처가 늘 살피고 돌다가 사심이 일어나면 제거하여야 합니다.'

'우리는 그런 것은 잘 모르오.'

그들은 계속 탑만 돌다가 마쳤다. 내가 옆에 앉아 있으니 그들이 싸가지고 온 것들을 주어 내가 받으며 말하였다.

'나는 부처님도 못 보았는데 당신들이 그렇게 주면 어쩝니까?'

'괜찮으니 자시오.'

그리하여 나는 그들이 준 것을 먹고 원평으로 돌아왔다.

4) 정통만 이으면 된다

원기 58년 6월 12일에 법문한 이야기이다.

"불경을 보고 대종사님께 '제가 불경을 번역하여 전해 보겠습니다'라고 여쭈니, 대종사님께서 '네 글은 나보다 나으니 그만 두라'고 하시고, 이어서 '정통(正統)만 이으면 되고 또 그 속에 있는 것이다. 법은 한 사람만 아는 사람이 있으면 숨을 수도 버릴 수도 없다'고 하였다."

5) 대종경 초안 보따리

대산 종사가 『구도역정기』 등에서 회고한 이야기이다.

"한국전쟁 후 어느 정도 사회가 평정을 되찾게 되자 원평교당에서 요양하며 초안했던 『대종경』 보따리를 찾기 위해 사람을 보냈다.

그런데 난리 통에 없어졌는지 없다고 빈손으로 왔다. 다시 또 다른 사람을 보내 찾게 하였다. 그러나 헛수고였다. 대종사님께 불효를 했다고 생각하였다. 그러면서 없어져야 했기 때문에 없어진 것이 아닌가 하고 마음을 돌려보았지만 그래도 마음 한 구석이 허전했고 죄스러웠다.

그래서 다시 양혜련(효타원) 교무를 시켜 찾아보도록 하였다. 그동안 그렇게 찾아도 없다고 빈손으로 돌아왔는데 그것을 찾아 가지고 왔다.

난리 중에 집을 비우게 되어 책과 옷들이 모두 없어졌는데 『대종경』 초안한 것을 싸두었던 보따리 하나만 다락 한 구석에 덩그러니 있었다고 했다.

총부에서는 대각전 뒷길을 산책하면서 연마하고, 원기 36년부터 38

년까지 마산교당·다대교당·진영교당 등에서 요양하며 『대종경』 편수 일에 조력하였다.

원기 41년 4월 「대종경편수위원회」가 발족할 당시 희한한 꿈을 꾸었다. 「곡선사(谷禪寺)」란 현판이 걸린 조촐한 정사가 있는데 정산 종사께서 여러 폭의 흰 비단(素絁)을 펴놓으시고 불화(佛畵)를 그려보라고 명하셨다.

이 말씀을 받들어 대강 몇 폭을 그렸는데 정산 종사께서 시자인 범산 이공전에게 살을 붙여 완성해 보라고 하셨다.

이공전이 붓을 들어 가필하고 윤색을 하고 보니 모두 훌륭한 불화가 되어 정산 종사님과 나는 대단히 만족해하였다."

「대종경편수위원회」는 총재에 정산 종사, 지도위원에 대산 종사와 구타원 이공주가 임명되고, 남녀수위단원 전원을 자문위원으로 하고, 범산 이공전이 전문위원으로서 일을 추진했다. 대산 종사는 『대종경』 초안 자료 약 2백여 건을 전문위원 이공전에게 넘겼다.

6) 법은 쏟아 놓는 것

범타원 김지현이 마산교당에 근무할 때 대산 종사가 종법사위에 오르기 전 몇 달을 머물며 『대종경』을 초안하였다. 당시 김지현이 법문을 받아 쓸 때 대산 종사가 "법은 쏟아 놓는 것이지 기억으로 하는 것은 아니다"고 하며, "법문 따라서 그때 그 장소가 선명하게 나타난다"고 하였다.

7) 10년을 적공하면

대산 종사를 시봉했던 관타원 김관현 교무의 회고이다.

"대산 종사님께서 눈 가리고, 귀 막고, 입 막은 인형을 보시고 '수도인들도 눈 막고 3년, 귀 막고 3년, 입 막고 3년, 10년을 적공 또 적공하면 대 도인이 된다'고 말씀하셨습니다."

8) 언제 도를 깨치셨습니까

후타원 박지홍 대봉도의 회고이다.

"나는 종법사님을 뵈옵고 싶을 땐 언제든지, 어느 곳에 계시든지 거리에 구애됨이 없이 달려가 뵈옵고 심리의 작용하는 것까지 다 말씀드리며 법문을 받들고 궁금한 것은 무엇이나 다 여쭈어 보았다. 어느 날 나는 대산 종법사님께 '종법사님께서는 언제 도를 깨치셨습니까?'라고 여쭈니, '원평에서 약 캐러 다닐 때'라고 대답해 주셨다."

9) 한국전쟁 때의 마지막 열차

아산 김인용 종사의 회고이다.

"해방이 되자 유일학림을 개설하였다. 나도 유일학림에 들어가서 전문부 공부를 하였다. 유일학림 졸업 직전에 공산 송혜환 선생이 보화당으로 오라고 하시어 나에게 약재 사는 일을 맡기셨다. 나는 늘 약재를 어떻게 하면 싸게 살까 골몰하였다.

1950년 6월 23일, 약재를 사기 위해 수표를 가지고 서울행 열차를 탔다. 24일 아침 서울에 도착하였다. 그리고 25일, 서울교당에서 법회를 보았다. 법회 후 점심을 먹고 일부는 한강으로 가고 일부는 영화관에 갔다. 나는 영화관으로 갔는데 '임시 휴업, 6.25전란이 나서 쉽니다'라고 써 붙여 있었다. 우리는 깜짝 놀라 서울교당으로 돌아와 라디오를 들으니 곧 괜찮을 것이라고 하였다. 일요일 날을 기해서 북쪽 사람들이 넘어 왔는데 곧 괜찮아질 것이라는 방송이 나왔다. 그래서 그런 줄 알았다.

26일에 약은 사지 않고 시내를 돌아다니면서 상황을 살피다 저녁때가 되어 서울교당으로 돌아왔다. 서울교당에는 대산 종사님과 육타원 이동진화 종사님이 와 계셨다. 당시 서울교당 교무님은 용타원 서대인 종사님이셨는데 어른들 계시는 동안에 총부에 볼 일을 보시고 오시겠다며 내려가셨다.

저녁때 쯤 되니 용산역에 이북 비행기들이 기관총을 막 쏘아댔다. 그리고 용산역 앞에 삐라가 뿌려졌다. 나는 마음이 다급해져서 '이제 전쟁이 벌어졌나 보구나' 싶었다. 저녁 식사 후 대산 종사님이 주관하시어 공사를 하였다. 서울교당에 기거하는 학생들 몇 명하고 나, 육타원님이 앉아 '어떻게 대처할 것인가'를 논의하였다.

피난 갈 학생들은 가도록 하고, 용타원님이 안 계시니까 육타원님은 교당을 지키시겠다고 하셨다. 대산 종사님은 몸도 약하시니 어떤 방법으로든 빨리 내려가야 한다고 육타원님께서 말씀하였다. 대산 종사님이 육타원님을 내려가시도록 말씀하셨으나 육타원님께서는 나이든 사람이 남아야지 안 된다고 하시며 극구 반대하셨다. 그래서 대산 종사님이 내려가시기로 결정됐다. 대산 종사님이 '인용이 자네는 어떻게 할 것인가?' 하고 물으셨다. 나는 '다시 올라오더라도 일단 내려가겠습니다' 하고 말씀드렸다. 그랬더니 대산 종사님이 '나는 인용이를 따라 가야겠다' 고 하셨다.

  다음 날 이른 아침, 종로 4가에 있는 은행에 가서 예금한 수표를 익산의 은행으로 송금하고 서울교당을 가기 위해 전차를 기다렸다. 그런데 전차는 다니지 않고 수많은 사람들은 이리저리 뛰고 난리가 났다. 나도 뛰어서 서울교당으로 갔다. 서울교당에 도착한 나는 대산 종사님께 서둘러 용산역으로 가시자고 말씀을 드렸다. 대산 종사님을 모시고 용산역으로 갔더니 새끼줄을 딱 쳐놓고 들어가지 못하게 하였다. 열차가 다니지 않는다는 것이다. 어떻게 해야 할지 몰라 당혹스러워 하는 찰나에 남루한 복장의 한 사람이 '야단났네. 경부선 급행이 아직도 안 가네' 하는 것이었다. 나는 귀가 번쩍 뜨여 '어디에 있습니까?' 하고 물으니 '저 중간에 서 있다' 고 하였다. 나는 대산 종사님의 손을 잡고 열차가 있는 곳을 향해 뛰었다. 대산 종사님은 '야, 이 사람아. 창피 당할까 싶네' 라고 하셨다. 나는 '창피가 문젭니까? 일단 가셔야지요?' 하고 열차 가까이에 가서 빽빽한 열차 속으로 대산 종사님을 힘껏 밀어 드렸다. 그리고 나도 난간을 붙잡고 겨우 올라탔다. 차에서는 좁다고 소리 지르고 야단이었다. 어찌되었건 열차는 출발해서 수원을 지나고 천안을 지나니 사람들이 많이 내려 좀 한가해졌다. 이때 이동 경찰이 다가와 '왜 차표를 안사고 탔느냐?' 고 하여 표 값을 주고 자리에 앉았다. 이때 대산 종사님께서 보리밥 뭉치를 꺼내 주셨다. 서울교당에서 준비해 오셨던 것이다. 긴장이 좀 풀리고 보니 얼마나 배가 고팠던지 참 맛있게 먹었다. 열차는 오후 늦게 대전역에 도착하였다. 대전에 내려 국밥 한 그릇씩을 사서 먹고 보니 그날따라 익산행 통근열차가 있었다. 다른 때는 가지 않는 열차였다. 서울에서 대전까지 내려 올 수 있었던 것도 기적이었는데 대전에서 익산까지 없던 통근열차가 있어서 무사히 익산까지 올 수 있었던 것도 기적이었다.

내 일생 중에 대산 종사님을 서울에서 익산까지 모시고 온 일은 기적이다. 6.25전쟁으로 인해 그 열차를 마지막으로 한강 다리가 끊어졌으니 생각하면 할수록 아슬아슬하다.

대산 종사님이 서울의 상황을 공산 송혜환님께 말씀드렸다. 그리하여 약재 살 돈으로 식량을 준비해 두었다.

대산 종사님이 종법사를 퇴임하시고 상사님으로 계실 때 영모묘원에서 내가 6.25동란 때의 일을 회상해 드리니 '그때 자네가 나를 구해 주었다'고 하시며 '육타원 종사님이 나를 내려 보내시고 당신이 남아 서울교당을 지키신 일은 살신성인의 불보살 마음이 아니시면 하기 어려운 일이다'라고 말씀하셨다."

10) 방공호에서 피난

대산 종사가 한국전쟁 당시를 『구도역정기』와 법문에서 회고한 이야기이다.

"나는 정산 종사님을 모시고 총부에 있게 됐다. 전쟁의 열기는 총부까지 밀려와 인민군 부대사령부가 주둔하게 됐다.

정산 종사님은 조실을 그들에게 내주고 공회당 지하실에서 거주하시게 됐다. 그 후 그곳도 내주시고 정미소와 대각전 뒷방에서 지내시었다. 나는 사가에서 운영하는 복숭아 밭 원두막 밑에서 또는 방공호를 파고 그곳에서 피난하였다. 피난하면서 오전에는 『불교정전』을 공부했고, 오후에는 『대순전경』을 보았는데 두 달 후에 이 두 권의 경전이 어디로 없어졌는지 흔적이 없게 됐다.

나는 이제부터는 책을 읽지 말라는 예시인 것 같아 이후로는 책을 안 보게 됐다."

8. 각처에서 일화

1) 제각기 해야 할 분야가

대산 종사가 원기 61년 3월 18일 법문한 내용 중의 이야기이다

원기 38년에 「제1대 성업봉찬기념대회」를 마치고, 교단 간부진이 개편됐다. 이때 교정원장에 대산 김대거, 감찰원장에 구타원 이공주가 각각 임명됐다. 처음 교정원장 후보로 공산 송혜환과 대산 김대거가 거론되었는데, 나이로나 교단 경력으로 봐서 송혜환이 먼저 교정원장이 되어야 한다는 여론이 많았다. 그러나 송혜환은 사양하면서 김대거에게 말하였다.

"제각기 해야 할 분야가 있는데, 내가 해야 할 분야가 다르니 이번에 교정원장은 동생이 해야 하네."

송혜환은 3개월 동안이나 총부를 떠나 지방을 순회하였다. 결국 김대거가 교정원장의 책임을 맡게 됐다.

이때 응산 이완철은 감찰원장으로 내정이 되어 있었다. 발표하기 위해 대각전으로 가는 도중에 정산 종법사가 이완철에게 돌아오라는

전갈을 보냈다. 이완철은 다시 정산 종법사 앞으로 왔다.

"처음에 응산을 감찰원장으로 내정했으나, 여러 가지 사정으로 다른 사람을 시켜야 하겠소."

"사정이 그렇다면 당연히 그렇게 해야지요."

이완철은 두 말 없이 정산 종법사의 말씀을 따랐다. 이완철은 몇 년 후에 교정원장·감찰원장을 차례로 역임하였다.

2) 대산이라는 법호

범산 이공전 종사의 회고이다.

"대산 종사님의 법명이 큰 대(大)자, 들 거(擧)자이시고, 법호도 '대산(大山)'이시다. 이 어른 호를 정산 종사님께서 대산으로 내리셨는데 시자인 내가 법호에 대하여 말씀드리니, 대산 종사님께서 '과하네. 소산(小山)도 어려운데' 라고 하시다가 받아들이셨습니다."

대산 종사는 원기 38년에 제1대 성업봉찬대회를 마무리하고 제2대를 출발하며 수위단 중앙위에 피선되었고, 법호를 대산(大山)이라 받았으며 교정원장에 취임하여 교단의 행정을 이끌기 시작하였다.

3) 방언공사 고문의 역할

원기 70년 9월 22일, 대산 종사가 원평교당 정원에서 원광대학교 원불교학과 학생 200여 명에게 말씀하였다.

"영산 정관평 재방언공사를 할 때 나 보고 고문을 하라고 해서 했지만 고문으로 하는 일은 하나도 없었다. 그때 방언공사에 할아버지들이 많이 와서 일을 하고는 아무데나 대변을 보니 천지가 변소였다. 치울 사람이 없고 내가 그것을 다 치우곤 하였다. 그리고 나는 하루에 언을 두세 번 순회하였는데 노인들이 나를 보고는 박장대소하며 '저 고문은 날마다 밥 먹고 돌아다닌다' 고 하였다."

4) 대종사 십상을 연마

대산 종사가 원기 75년 12월 7일, 새로 출가한 교무들을 접견한 자리에서 시자에게 대적공실 법문을 소개하게 한 후 부연한 말씀이다.

"오타원(임선양)이 나와 같이 몇 달을 같이 다니며 지냈는데, 그때 부처님의 8상을 가지고 왔더라. 그래서 읽어 보라 하였더니 참 부처님을 친견치 못하고 오히려 떠나가게 생겼더라.

그래서 송대에 원문을 걸어 놓고 아침마다 3분이고 5분이고 연마하고 연마하기를 몇 해를 했더니 8상이 내 마음에 저절로 들어오더라. 그래서 그것을 대중에게 한 번 전해 주었더니 그것을 들은 사람들이 지금까지 평생 불교를 공부했어도 불교나 부처님을 알지 못했는데 이제 확실히 알겠다고 하면서 좋아들 하더라.

또 영산에 몇 해 있었는데 그때 대종사님 10상을 연마했었다. 초를 잡아서 쭉 벽에 걸어 놓고 자꾸만 보고 또 연마하고 또 대종사님을 생각해보고 하였다. 아무 욕심도 없이 내가 대종사님 10상을 완성해야 겠다는 마음도 없이 내가 이생에서 못하면 다음 생에 다시 와서라도 대종사님 10상 공부를 참으로 해야지 안하면 안 되겠다 하는 마음으로 연마를 했었다. 그때만 해도 참 바빴었다. 제2 방언공사를 할 때였는데, 나는 직접 공사장에는 나가지 않고 뒤치다꺼리만 했었다. 인부들이 밥들을 먹고 아무데나 똥을 싸 놓고 가는데 나는 인부들이 모두 공사장으로 가고 나면 그것을 치우곤 했었다. 형산(김홍철)법사께서도 밥도 제대로 잡수시지 못하고 그 정성을 다 바쳤었다. 그렇게 바쁘게 사는 가운데에서도 10상을 쭉 써 놓고 보고 연마하기를 오래 하니까 우연히 한 구절씩 떠오르더라. 그때만 해도 내가 몸이 안 좋아 글씨를 제대로 쓰지 못했었다. 그러기 때문에 내가 말로 하면 법타원(김이현)이 받아썼었는데 한 3년을 연마하면서 정리를 해 놓은 것이 지금 나와 있는 법문이다. 정리를 해 가지고 선 법사(정산 종사)님께 보여 드렸더니 앞으로는 『정전』이나 『대종경』도 이렇게 간략히 정리를 해야 할 것이라고 하시면서 나보고 해 보라고 하시더라. 그 후로 하섬에 들어가서 전부는 하지 못하고 정리해 놓은 것이 지금 나와 있는 『정전대의(正典大意)』이다.

이와 같이 자기가 공부를 제대로 하려면 대적공을 하는 시간이 있어야 한다. 머리 아프게 많은 것을 가지고 오랜 시간을 연마할 필요도 없다. 간단히 읽어보고 연마하면서 정성을 들여 계속하게 되면 힘이 얻어지게 된다."

5) 하섬의 은생수

동산문집 1 『동산에 달오르면』의 내용 중에서 정리한 이야기이다.
원기 46년 여름, 대산 종사가 종법사위에 오르기 몇 개월 전에 영산에서 하섬으로 들어가 『정전대의』를 초안하고 「교리실천도해」를 구상하며 후진들을 가르쳤다.

하섬에는 바닷가에 작은 샘이 하나 있으나 대중이 사용하기는 턱없이 부족하였다. 그리하여 샘을 파지 않고는 찾아드는 내방객의 증가로 다른 방도가 없었다.

샘을 파기로 결정하고 동산 이병은이 지휘 감독하였다. 삽·곡괭이 등의 연장을 가지고 원시적인 방법으로 인부들과 여러 날 계속해서 팠으나 좀처럼 물이 솟아나지 않았다. 인부들도 지쳐서 포기하자는 목소리가 높아졌다. 그러나 대산 종사가 이병은에게 "매우 힘들겠지만 결코 포기하지 말아라. 조금만 더 파 내려가 보아라" 하고 몇 번이고 격려하였다.

이병은은 인부들이 함께 하지 않으면 나 혼자라도 끝까지 하겠다며 직접 샘을 파기 시작하였다. 평소에 이병은은 대산 종사의 말씀을 대종사님의 말씀과 똑같이 신봉하고 있었기 때문에 끝까지 성공을 보리라는 신념을 갖고 있었다.

며칠을 더 계속해서 파 내려가 40자 깊이에 이르자 마침내 암반 속에서 맑은 물이 솟았다. 모두들 탄성을 질렀다. 땅속 깊이 바위 틈새에서 솟아나오는 물이라 맑고 깨끗하며 시원하기 비할 데 없었다. 이 날이 원기 46년 7월 25일 이었다.

대산 종사는 이병은을 칭찬 격려해 주고, 소태산 대종사의 은혜가 은생수(恩生水)이니 세계에 뻗어나가야 하겠다는 뜻과 염원으로 우물 이름을 「은생수(恩生水)」라 했다. 은생수는 하섬의 감로수 역할을 하였다.

이를 계기로 대산 종사와 이병은의 사제지간의 법정(法情)은 더욱 깊어졌다. 대산 종사는 '동산(이병은)은 무슨 일이든 중도에 포기하지 않고 끝까지 성공할 인물'이라고 신뢰하게 됐다. 이병은도 대산 종사의 말씀은 소태산 대종사의 말씀과 똑같이 신봉하게 되어 뒷날 법무실장으로 대산 종사를 여러 해 보필하였다.

한편 은생수는 하섬에 내방객이 적을 때는 별 어려움 없이 사용되었으나, 차쯤 내방객이 많아지자 물이 부족하게 됐다. 그리하여 육지의 상수도를 바다 아래로 연결하여 물 부족 현상을 완전히 해결했다.

6) 수천만 마리 용들이 승천

기산 이현도 종사의 회고이다.

"나는 하섬수양원으로 부임하였다. 전에는 외지라 생각되어 좋게 생각하지 않았었다. 그러나 부임하여 3일 만에 원평에 계신 대산 종사님을 뵈러 갔다. 그때 이런 말씀을 드렸다.

'가기 전에는 일반적으로만 생각을 했는데 부임하고 나니 다른 생각이 납니다'고 하니 '무슨 생각이 나느냐?'고 하셨다. '종법사님께서 거기 오셔서 수양도 하시고 우물도 파시고 『정전대의』도 편찬하시고 하셨기 때문에 특별히 더 다릅니다'고 말씀을 드렸더니, 나를 보시고 '그뿐이냐?' 하시어 생각나는 것을 다 말씀드렸기 때문에 아무 말도 못하고 있었다. '내가 그때 정신이 맑아졌었는가 보다. 아! 저녁에 잠을 자는데 하섬이 용이 되더라. 몇 백 마리인지 몇 천 마리인지 몇 만 마리인지 모르겠더라. 너는 한두 마리만 봐도 좋겠지?' 하시는 것이었다. 그래서 '저는 못 보았습니다' 하니 '몇 천만 마리인지 몰라. 하섬 전체가 용이 되더라. 그런데 그 용들이 승천을 했단 말이다. 하늘을 날았단 말이다. 그러니 안 좋겠냐?' 고 하셨다. 그래서 그 말씀을 받들고 얼마나 감사한지 그 말씀이 잊혀 지지 않는다."

7) 월명암에서 부설전을 보다

원기 46년 여름, 대산 종사가 하섬에서 요양 중일 때 변산 월명암에 다녀온 이야기를 원기 72년 1월 16일에 회고하였다.

"내가 하섬에 있을 때 대종사님께서 계시던 곳을 가봐야 되겠다고 해서 월명암에 가니까 스님들은 다 어디 가고 화주하고 심부름하는 애가 하나 있는데 밥을 먹고 나서 그 애가 죽는다고 야단이었다. 나는 의사도 아니고 사람 죽는 것 보기도 곤란하였다. 그 화주가 나보고 살려 달라고 그러더라. 그런데 나는 침은 놓을 줄 몰라도 서울에 있을 때(광복 후 서울출장소장으로 근무) 고아원 애들이 죽는다고 하면 그 때 병원에 갈 수도 없는 때고 그래서 사관 자리를 찔러 놓으면 죽는다는 놈이 살아난 때가 있었다.

화주가 와서 애를 살려 달라고 해서 나는 의사가 아니니까 침놓다 죽으면 어떻게 하냐고 하니까 이래 죽으나 저래 죽으나 마찬가지니까 막무가내로 침을 놔 달라고 하였다. 의사도 아닌데 큰일 났다 싶어 심고를 모시고 찔러도 죽는 것은 아니니까 여기저기 막 찔렀다. 나는 침술사가 아니지만 급한 상황이니 죽거나 살거나 찔러 버렸다. 여기저기 막 찌르고 나니까 똥을 싸고 토해 내고 하더니 살아났다. 참 다행이었다.

그 애가 사다리를 가지고 벽장에 올라가더니 무슨 책 한 권을 가지고 왔는데 부설거사 4대불(부설전의 부설·묘화·등운·월명)이 거기 있었다. 스님이나 높은 손님이나 친한 분이 오면 그 책을 보여 준다면서 나에게 가져가라는 것을 '너의 스승 것인데 네가 주면 안 된다' 하고, 나는 그 자리에서 다 보고 외웠다."

8) 절하는 고기떼들

향타원 박은국 종사의 회고이다.

"내가 부산교당에 처음 갔을 때, 대산 종사님이 자주 오셨다. 대산 종사님을 모시고 해수욕을 가기도 했었는데 그때는 광안리가 지금 같은 도시가 아니라 모래사장이었다. 그래서 커다란 꺼대기로 대강 집을 짓고, 의자를 놓고 거기서 해수욕하는 사람들이 잠을 잤다. 우리도 거기서 자고, 대산 종사님도 주무셨다.

서면교당 강덕성화(신타원)씨와 김지원행(여타원)씨가 같이 갔다. 아침에 횟감을 드린다고 두 분이 도마를 가지고 나와서 꼬시래기(문주리의 경남지역 방언) 생선을 도마에 놓고 다듬었다. 나하고 항타원(이경순)님과 또 누군가 옆에 있는 사람하고 지나가다가 보니 생선을 손질하려고 만지고 있었다. '생선을 하면 안 되는데 안 되는데' 하면서 항타원님이 하나 들어서 던지고, 내가 하나 들어서 던지고, 몇 번을 하다 보니 횟감이 없어져버렸다. 대산 종사님께 찬을 올린다고 해

놓고 꼬시래기를 다 던져 버린 것이다.

 그날 낮에 광안리에 물이 많이 들어왔다. 물이 든 곳에 방보다 넓은 바위가 있었다. 물이 들어오는데 등이 까만 고기떼가 모이기 시작하였다. 자세히 살펴보니 우리가 앉은 바위에 대고 물고기가 절을 하는 것이었다. 항타원님이 '저것 봐라. 저것 봐라. 아침에 꼬시래기 살려 주었더니 와서 절을 한다' 고 하셨다. 대산 종사님은 조용히 앉아 계셨다. 천지기운이 응하는 것 같았다. 수만 마리가 까맣게 몰려와서 고개를 우리에게 대고 대산 종사님께 절을 하는 것이었다. '꼬시래기 살려줘서 감사하다' 고 절을 하였다.

 대산 종사님은 알고 계시는 바가 있으신지 빙긋이 웃으셨다. 그 감격스러운 추억을 잊을 수가 없다. 바다는 넓으니까 수억만 마리가 와서 뛰면서 절을 하였다. 그 광경이 신기하고 묘한 감회가 들었다."

9) 바다와 성품자리

 주타원 윤주현 종사의 회고이다.

"대산 종사님이 부산에 오시게 되어 모시고 해운대 산에 올라갔다. 대산 종사님이 바다를 보라고 하셨다. 밑에서 보는 것보다 훨씬 좋아 참 좋다고 말씀드리니 더 올라가 보라고 하셨다. 산상에 올라가니 아예 말문이 막힐 정도로 망망대해가 너무 좋았다. 대산 종사님께서, '성품자리도 이러하다. 그래서 성품자리를 보는 것도 천각(千覺) 만각(萬覺)이다. 상봉은 여래자리다. 여래가 보는 바다도 그 바다이나 다르다. 최상은 여래자리이다' 고 하셨다."

10) 부처 만드는 조불딸기

향타원 박은국 종사의 회고이다.

"대산 종사님이 한번은 경주 용담에 있는 수운 최제우 선생 탄생지를 가자고 하셨다.

주타원 윤주현 교무, 오타원 임선양 교무, 양산 김중묵 교무의 동생 김태호 선생, 재욱 씨하고, 나하고 대산 종사님하고 6명이 일행을 해가지고 갔다.

불국사에 들렀는데 3일 동안 비가 개지 않았다. 불국사에서 밥을 먹고, 방을 빌려 지냈다. 대산 종사님과 태호 선생이 한 방을 쓰시고 우리가 한 방을 썼다. 대산 종사님이 법문을 한도 없이 해주셨다. 또 용담에 갔는데, 산천도 좋을 뿐더러 대산 종사님 모시고 다니니 더 이상 행복할 수 없었다. 수운 선생 탄생지에 집이 하나 있었다. 어느 보살인가 스님인가 집을 지키고 있는 집 같았다. 집은 텅 비어 있고 주인이 없었다. 거기서 쌀을 내어 밥을 하고 쌀독에 돈을 넣고 장독에 가서 된장을 퍼 담고 반찬은 산에 가서 만들자 하고 반찬 준비하러 밖으로 나갔다.

나물 뜯는 사람, 밥하는 사람으로 나눴다. 대산 종사님이 손바닥보다 넓은 칡잎에다가 산딸기를 따가지고 오셨다. '이게 무슨 딸기인줄 알아?' 하셔서 '딸기죠' 하고 대답하였더니 '조불(造佛)딸기다, 조불딸기. 부처를 만드는 딸기다'고 하셨다. 그 소리에 모두가 황홀해졌다. 조불이란 소리를 처음 들었다. 딸기를 먹고 어떻게 좋던지, 달은 밝고, 물은 철철 흐르고, 대산 종사님하고 태호 선생은 방으로 가시고, 여자들 4명이 물소리에 춤을 추고 노래를 하였다. 그때 기억은 오타원도 춤을 추고, 잘 추는 사람은 주타원이고, 재욱 씨는 노래도 잘 하고 춤도 잘 추고, 나는 박수만 치고 좋아만 하고, 그때 지내던 기억이 지금도 생생하다.

「조불」이라는 말씀이 어찌 좋던지, '우리가 부처가 된다, 부처가 된다' 는 말씀에 그렇게 좋았다. 그 용담에서 조불이라는 기억은 영생을 두고 못 잊을 것이다. 딸기를 들고 '조불딸기, 조불딸기' 라고 하셨다."

11) 스님과 할머니 교도들

원기 70년 9월 22일, 대산 종사가 원평교당 정원에서 원광대학교 원불교학과 학생 200여 명에게 말씀하였다.

"내가 30여 년 전에 부산교도 김성명화(성타원), 임칠보화(영타원), 김계옥(갑타원) 할머니들과 유덕중(동산)과 같이 양산 통도사에 간 일이 있다. 그때 통도사의 노스님들과 둘러앉아 대담을 하였다. 그 스님들에 비하면 그 할머니들은 별스런 인물이 아니었다. 그런데 이런 이야기 저런 이야기하다가 할머니들이 스님들에게 '스님들은 어떻게 공부를 하십니까?' 하고 물으니 「무자(無字)」를 말하는 스님도 있고 별스럽게 답하는 스님도 있었다. 다 듣고 성명화 할머니가 '나는 아침을 수행정진 시간으로 정하고 일찍 일어나 선(禪)에 전력하여 해탈하는 공부를 하고, 낮에는 보은봉공 시간으로 정하고 이 몸이 사은(四恩)님으로부터 크신 은혜를 받고 이뤄졌으니 놀지 않고 부지런히 일하며 보은하려고 노력하고, 밤에는 참회반조 시간으로 정해서 어떻게 하든지 진성(眞性)자리 자성(自性)자리를 반조해서 청정무애(淸淨無碍)한 자리로 돌아가는 공부를 합니다'고 하니, 스님들이 조용히 다 듣고는 '할머니들이 스님이시오' 하면서 절을 하고, 나보고 '어느 정도 단계에 들어가야 저 정도의 공부를 하느냐'고 묻기에 모두 항마자리는 될 것이라고 하였다. 그런데 그 분들이 다 항마위에 올랐다.

처음에는 스님들이 우리 일행을 재워주지도 않으려 했는데 대화를 하고나서는 내 방 하나 하고 일행의 방 하나를 주고 모두 재워줬다. 자고나서 유덕중 씨가 밥값을 조금 주고 가자고 하여 챙겨 줬더니 '이게 웬 말씀이냐'고 하며 참 스님을 모셨는데 하면서 하나도 안 받고 나에게 큰 염주 하나를 주면서 세세생생 인연 잘 걸자고 하여 그 염주를 정산 종사님께 드렸다. 그 염주가 지금 박물관에 비치되어 있다. 그런데 그 노인 할머니들이 평생 공부도 안했기 때문에 자기들은 법문 모른다고 하면서 그런 이야기를 해 주니 스님들이 어디서 그런 법문이 나오느냐고 놀라워하였다."

12) 또 하나의 구멍

원기 57년, 가을이었다.

당시에 대산 종사는 현 동산수도원 뒤편 금강리 허름한 슬레이트집 신정묵 가에 거처를 하고 있었다. 어느 날, 집 뒷동산에 있는 아주 큰 밤나무뿌리를 캐내도록 대산 종사가 말씀하였다.

원불교학과 학생 5~6명이 이틀에 거쳐서 밤나무뿌리 두 그루를 캐내었다. 대산 종사는 밤나무뿌리를 마당으로 옮겨서 뿌리 사이의 흙을 털어내도록 하셨다. 그 후 대산 종사가 대중 접견을 밤나무뿌리 있는 데에서 하기도 하였다. 어느 날 대산 종사가 대중들과 밤나무뿌리 있는 데로 이동을 하였다. 밤나무뿌리는 거꾸로 엎어져 있었다. 뒤집어진 밤나무뿌리와 뿌리 사이에는 크고 작은 구멍들이 있었다.

대산 종사가 그 구멍을 가리키면서 대중에게 물었다.

"구멍이 몇 개 이드냐?"

한 사람이 답하였다.

"5~6개 정도 됩니다."

"사람은 구멍이 몇 개 이드냐?"

"눈 코 입 그리고 대소변 보는 구멍 등입니다."

"그러더냐? 범부중생과 달리 부처님은 구멍이 하나 더 있다. 그 구멍이 무엇인 줄 알겠느냐?"

대중이 대답이 없자 대산 종사가 말씀하였다.

"부처님과 성현이 하나 더 있는 구멍은 성리구멍이다. 이 성리구멍으로 삼독오욕을 집어넣어서 녹인다. 그 성리구멍을 너희들도 갖고 있느냐 못 갖고 있느냐?"

그러자 형타원 오종태 영산선원장이 대산 종사 앞에 무릎을 꿇고 큰절을 올리면서 "무상 법문이십니다"고 하였다.

대산 종사가 말씀하였다.

"성리구멍이란 허공이다. 성현들은 허공을 발견하여서 허공 속에 쉬고 허공 속에서 일하신다."

13) 대문 앞에서의 기도

원기 66년 3월, 대산 종사가 신촌교당에 행가 하였을 때 새벽 기도를 마치고 신촌교당 교무 각타원 장경진에게 말씀하였다.

"야, 경진아! 최준명 사장 집이 어디냐?"

"예, 멀지 않습니다."

"나랑 같이 한 바퀴 돌자."

얼떨결에 모시고 골목안 최 회장 집 앞에 도착하여 "벨을 누를까요" 하니, "아니다" 하셨다. 대문 앞에 반듯이 서시더니 한참 동안 묵상심고를 올리시고 "가자" 하였다. 그렇게 매일 집 앞을 아침에 들려 심고 올리셨다.

장경진은 생각하였다.

'부처님들은 저렇게 사람을 키우시는가?'

서울교구 교의회 의장을 역임하고 교단의 많은 일을 하는 건산 최준명 회장의 위치는 두 내외가 대산 종사께 효도를 올리기도 하였지만, 성인은 그렇게 사람을 키우셨다.

14) 내가 하는 일 아니다

용타원 서대인 종사의 회고이다.

"대산 종사님이 법좌에 계시며 일을 하실 때 이해해주지 못하는 동지가 있으면 마음이 편안해하지 않으셨다. 그러시면서 '대종사님 명령으로 내가 하는 것이지, 내가 하는 것이 아니다. 이것은 진리께서 맡겨주시고 스승님이 알아서 하시는 일이지 내가 하는 일이 아니다'

라고 꼭 그 말씀을 하셨습니다."

15) 교역자의 잘못
어느 날 대산 종사께 한 사람이 찾아가 모 교역자의 잘못을 고하였다. 그러자 대산 종사가 가볍게 응답하였다.

"몰라서 그랬단다."

그래도 그 사람이 마음을 읽지 못하고 잘못한 교역자의 이야기를 다시 꺼내니, 다시 말씀하였다.

"어쩌다가 그랬단다."

9. 종법사 당선

1) 대산 종사의 견성인가

대산 종사가 소태산 대종사로부터 견성인가를 받던 당시의 이야기를 원기 72년 4월 22일에 회고하였다.

"내가 20살 때 몽중에 일월(日月)이 합치되는 길몽을 꾸었는데 다음날 아침 바로 육타원(이동진화) 종사와 공타원(조전권) 종사와 나를 대종사님께서 갑자기 부르시더니 '그대들 세 사람은 내가 교리를 가지고는 걱정할 것이 없다'고 하시며 세 사람 모두에게 견성을 인가해 주시었다.

그 후 육타원님은 선 종법사(정산 종사)님과 주산(송도성) 종사님 두 분과 나를 항상 스승으로 똑 같이 모시었고, 공타원님은 3년 후 부산으로 출장 갔을 때 '스승으로 모신다'고 큰 절을 하였다.

그 후 나는 한 번 더 크게 뛰기 위하여 마음에 풀어지지 않는 바가 있었는데 30대에 병을 얻었다. 그때에 나는 영생의 불퇴전할 서원이 세워졌다. 그 후 40대에 또 병을 얻어 정진하는 가운데 크게 얻은 바가 있었다. 그러고 세계에 크게 바친 것이다."

2) 대거가 공부 길을 잡았다

향산 안이정 종사의 회고이다.

"대종사님께서 열반 10일 전, 내가 조실 앞을 지날 때 부르시더니 '너 마음 가운데 사표로 모시는 스승이 누구냐?'라고 물으셨다. 그때 나는 의심할 것도 없이 '정산(송규 종사)과 주산(송도성 종사)입니다' 하고 말씀드렸다.

그랬더니 대종사님께서 '네 말이 옳다' 하시고 다시 '정산과 대거(대산 종사)를 사표로 모시고 살아라' 하시며 '대거가 공부 길을 잡았느니라' 고 말씀을 해 주셨다. 나는 마음 가운데 의심이 생겨서 '주산은 어쩝니까?' 하고 여쭈니 '주산도 하지만 그렇게 해라' 하셔서 어딘가 의문이 생겼다. 대종사님의 말씀이 화두가 되었으나 대종사님이 열반하시고 주산 종사께서 열반에 드시자 화두가 풀렸다. 아! 그래서 그랬구나! 하고 느끼게 되었고, 그때부터 대산 종사님을 특별히 사표로 모시고 생활하게 됐다."

3) 지금 울 때가 아니다

향타원 박은국 종사의 회고이다.

"내가 영산에 열일곱 살에 가서 스무 살까지 살았는데 스무 살에 대종사님께서 열반하셨다. 대종사님은 영산에서 한 번 뵈었는데 뜻밖에 대종사님의 부음을 듣고 총부로 갔었다. 우리는 이 회상도 없어지고 천지사방으로 다 흩어지는 줄 알았다. 어린 마음에 장차 이일을 어떻게 하나 하면서 조실방에서 엎어져 고함을 지르고 울었다. 그랬더니 누가 '이렇게 울 때가 아니다' 며 문을 열고 말씀을 하셨다. 눈을 떠서 보니 대산 종사님이셨다. 그때 내가 스무 살이고, 대산 종사님이 스물 아홉 살이셨는데, 기가 쭉 하늘로 오른 것 같고 얼굴에 광채가 있으셨다. 또 그 말씀에는 힘이 어려 있었다.

'울 때가 아니다. 정신을 차리라' 하고, '우리가 대종사님 법을 받아 전하고 회상을 이어나가야 하는데 정신을 차려야지. 이렇게 울고만 있으면 어쩔 거냐?' 고 하시는 말씀에 정신을 차렸다. 나흘 뒤 장례를 치를 때까지 대산 종사님만 뵈오면 희망이 생기고 용기가 생겼다."

4) 허공법계를 나의 소유로

향산 안이정 종사의 회고이다.

내가 전주교당 교무로 있을 때에 대산 종사님이 관촌에 좀 계시다가 산전리로 가신다 하며 같이 가자하셔서 산촌궁벽한 곳을 걸어가게 됐다. 대산 종사님이 내 손을 잡고 흔들며 가시다가 "이정이 공부길 잡았는지 모르겠어" 하시는데 머리가 뜨끔했다. 그 순간 대종사님께서 '대거가 공부길 잡았느니라' 하신 말씀이 생각나는데 나는 아직까지도 공부 길을 잡지 못했나 하는 생각에 깜짝 놀랐다. 그래서 "공부길을 어떻게 잡아야 합니까?" 하고 여쭈니, "아, 공부길 잡아야해. 공부길 못 잡으면 헛세상 살아" 하신 말씀을 듣고 공부길 잡아야겠다고 더욱 결심이 세워졌다.

산전리 계실 때에 또 찾아가 뵈었더니, 대산 종사님이 법문을 해주시는데, "내가 여기 있으며 동네 사람들과 가까이 지내게 되었는데, 하루는 그 사람들이 허물을 트자하며 하룻밤 같이 주무시는 것이 어찌시겠어요? 해서 같이 자는데, 자다가 나는 일찍 일어나 선(禪)을 하고 있으니, 그 사람들이 몸을 찔벅찔벅 하면서 '여보시오, 외모를 뵈니 보통 어른이 아니신 것 같은데, 마음가운데 무슨 수심이 있으시오?' 하며 '우리가 다른 것은 몰라도 나이는 먹고 지낸 경험이 있으니 말씀을 해보시오' 라고 해서, 그래서 내가 이렇게 말해주었다. '이 세상에 땅은 다 주인이 있으나, 저 하늘은 주인이 없더라. 그래서 내가 저 허공법계의 주인이 되어 허공법계를 나의 소유로 만들고 싶은데 그것이 안 되어 고민입니다' 고 하니, 그 사람들이 허허 웃으며 허공을 어떻게 소유하느냐고 했다"고 하셨다.

5) 후임 종법사 선거는

양산 김중묵 종사의 이야기이다.

"하루는 정산 종사님을 찾아뵙기로 작정을 하였다. 찾아뵙기 전에 내 딴에는 목욕재계하고 혈성으로 교단사를 걱정하며 정산 종사님의 의향을 받들고 내 소견을 말씀드리려는 것이었다. 그때도 정산 종사님께서는 병환 중에 계셨었다.

'법사님 100세 후를 저희들이 생각하면 기가 막히지만 100세 후에는 신 종법사를 선거해야 할 텐데 한 사람이라도 바른 생각을 가져야 교단 일을 그르치지 않을 것이 아닙니까. 그래서 노파심에서 평소에 생각한 바를 말씀 드릴 랍니다. 저는 마음 가운데 대산(김대거) 선생님을 대임자로 생각하고 있습니다. 제 생각이 옳은지 사룁니다.'

'네가 마음 가운데 그리 생각이 되면 너는 그렇게 해야 할 것이 아니냐. 그러나 네가 마음 가운데 지지한 사람이 당선이 되면 내 생각이 옳았구나 하고 힘 밀어 드리고, 다른 사람이 당선이 되면 내가 잘 몰랐었구나 하고 지금까지 마음속에 생각했던 바를 놓고 또 잘 받들어 드리면 될 것이다.'

나는 정산 종사님의 말씀을 받들고 가벼운 마음으로 조실문을 나왔다."

6) 어느 선생이 마음에

범산 이공전 종사의 회고이다.

"정산 종사님께서 '너 지금 어느 선생에게 마음이 가장 가느냐?' 하고 물으셔서, '대산(김대거) 선생님, 상산(박장식) 선생님, 응산(이완철) 선생님에게 마음이 갑니다' 고 하니, '잘 생각하였다. 국한이 크기로는 대산 같은 사람이 없고, 자상하기는 상산 같은 사람 없고, 교단 일을 속속들이 걱정하는 사람은 응산 같은 사람이 없다' 고 하시며 그렇게 지내라 하셨다."

7) 천지가 다 정해 하는 일

원기 61년 3월 31일, 대산 종사가 회고한 이야기이다.

"선 종법사(정산 종사)님 열반하시고 화장장에서 바로 신도안에 들어가 온갖 정성을 다해 기도를 올렸다. 그랬더니 건강이 극도로 약해졌었다.

그때 올린 기도 내용은 '법신불 사은과 대종사님 선 종법사님 삼세제불제성의 성령께서 보살펴 주시옵소서, 제가 무복박복(無福薄福)한 탓으로 대종사님과 선 종법사님께서 먼저 가셨습니다. 앞으로 수위단원 중에서 남녀노소 누가 되었던, 법 있는 분이 종법사가 될 것이므로 저는 정성을 다해 받들기로 맹세하옵니다' 하고 올렸다.

누가 와서 '건강이 안 좋으니 종법사위를 못 맡을 것 같습니다. 이번에는 양보하십시오' 하므로 그때 '그 자리는 하고 싶다고 하고 안하고 싶다고 안하며 양보하고 안하는 자리가 아니다. 천지가 다 정해 하는 일이니 오직 공의에 따라야 한다' 고 말해 줄 때에 하늘에서 눈이 내릴 때인데 뇌성벽력이 치고 번개가 번쩍번쩍하여 그 사람이 몹시 놀라며 '공의대로 따르겠습니다. 천의의 표시입니다' 하고 물러갔다."

8) 총부에 없던 대산 종사가 종법사 당선

주타원 윤주현 종사의 회고이다.

"정산 종사님께서 열반에 드셨다. 정산 종사님은 다비를 해서 모셨다. 당시 이리 시내에 화장장이 있어서 대산 종사님과 몇 사람이 밤새도록 화장장에 계셨다. 나는 부산진교당 교무로 있었다. 정산 종사님 열반으로 총부에 왔던 부산진교당 교도들의 전송을 나갔다가 밤에 총부로 못 들어오고 이리교당에서 잤다.

마침 대산 종사님이 밤늦게 다비장에서 항산 김인철 종사님과 함께 들어오셨다가 새벽에 두 분이 나가시기에 '어디가세요?' 하고 여쭈니 '신도안에 가요' 하셨다. 당시 눈이 많이 와서 '어떻게 가세요' 라고 다시 여쭈니 대산 종사님이 '가야 한다' 하시고 가셨다. 그래서 대산 종사님께 '안가시면 좋겠어요. 안가시면 좋겠어요' 하고 말씀을 드리니, '괜찮다. 괜찮아' 하시며 편지를 한 장 주셨다. 항타원 이경순 종사님이나 용타원 서대인 종사님 만나면 드리라고 하셨다. 그래도 '안가시면 좋겠어요' 하니, '괜찮다. 사흘만 지내면 되니 괜찮다' 하셨다. 절대 신봉을 하는지라 괜찮으신가 보다 생각하며 역전까지 두 분을 뒤따랐다. 가만 보니 차비도 없으실 것 같고, 이등칸이라도 타셔야 할 텐데 싶어서 마침 부산진교당 교도들이 준 돈이 조금 있어서 드리며 항산님께 이등칸으로 모시고 가라고 말씀드렸다.

총부로 와서 용타원님과 항타원님께 편지를 전해 드리니, 사형주전(師兄主前)이라고 써 있는데 항타원님이 성질이 급하셔서 '세상에 이렇게 가버리시는가' 하시며 화를 내셨다. '세상에 자네한테 이 쪽지 하나 주시고 가셨는가?' 하셔서 '모르겠습니다' 하고 답하니, '어디로 가셨는가?' 하고 다시 물으셔서 '신도안에 가신다고 하신 것 같습니다' 하니 막 화를 내셔서 나는 죄지은 것같이 벌벌 떨었다.

그렇게 사흘이 되니, 수위단회가 열리어 대산 종사님이 종법사로 당선되셨다. 항타원님이 나한테 쫓아오셔서, '미안해, 미안해' 하시며, '내가 모르고 그랬어. 안 계시어 훨씬 나았어. 안 계셔서 사양의 도를 다하시고, 법위를 받으셨으니 얼마나 좋은 일이야. 자네가 잘했어' 하시며 큰 칭찬을 하셨다."

9) 젊은 종법사께 큰 절을

대산 종사가 종법사로 처음 선출될 때에 계룡산 신도안에 있었다. 중산 정광훈이 가서 총부로 모셔왔다. 총부에는 새 종법사보다 나이가 많은 어른들도 많이 있었다. 40대의 젊은 새 종법사가 총부에 오자 대중들은 새 종법사를 어떻게 예우할지 어리둥절하였다. 대종사님과 정산 종사님에 대해 오랫동안 절대적인 신성을 바쳐온 대중들이었기 때문에 새 종법사에 대해서는 생소한 점이 많았기 때문이었다.

새 종법사 보다 18세나 많은 응산 이완철이 남 먼저 새 종법사 앞에 나아가 대중들에게 "대산 종법사 같은 어른이 없었다면 법통을 누가 받을 것인가. 얼마나 다행스런 일인가. 우리 교단의 큰 복이다. 새 종법사님 잘 받들어서 대종사님과 정산 종사님의 뜻을 더욱 잘 실천합시다" 하고 오체투지로 큰 절을 올렸다. 그러자 대중들도 이완철을 따라 새 종법사에게 큰 절을 올리고, 잘 받들 것을 다짐하였다.

※ 출전 : 선진문집 4, 『응산종사문집』 원불교출판사, 1981년

10) 화화초초 개시여래화현

대산 종사가 원기 72년도 대각개교절 경축 부연법문을 하면서 한 이야기이다.

"정산 종사님께서 열반하신 후에 김태흡 스님이 제자들과 총부를 찾아왔다. '원불교에서 대종사님을 여래위로 올리는 것은 좋지만 정산 종법사님까지 여래위에 올리는 것을 우리 불교의 승려들이 반대하여 나를 대표로 보내서 왔습니다' 고 하였다.

내가 '화화초초 개시여래화현(花花草草 皆是如來化現)인데 태흡 스님인들 여래가 되려면 못 될 것이 무엇입니까?' 하고 말했더니, 태흡 스님이 '이놈들이 내가 안 오려고 했는데 가자고하여 우세를 시켰다' 고 하면서 돌아갔다."

10. 신도안 개척

1) 불종불박이란 말의 의미

동산문집 1 『동산에 달오르면』의 내용 중에서 정리한 이야기이다.

신도안 삼동원 개척에는 정산 종사와 대산 종사의 강력한 의지와 염원이 있었다.

계룡산 신도안은 조선 왕조 이태조의 도읍 예정지로 알려져 있고, 또한 조선시대 『정감록』의 전설지로 알려져 있어 한때 신흥 유사종교의 본산지가 되기도 하였던 곳이다.

소태산 대종사가 이공주·전음광 두 제자와 원기 21년 4월 21일에 신도안을 처음 방문하였고, 「불종불박(佛宗佛朴)」 바위에서 바위의 유래를 들으시고 아무 말 없이 웃으시기만 했었다고 한다. 이때부터 원불교와 인연을 맺게 됐다.

정산 종사는 신도안 개발에 관심을 가져 대산 종사를 비롯한 여러 제자들에게 간곡히 당부하였고, 대산 종사는 종법사위에 오르기 전부터 신도안을 왕래하게 되었다.

신도안 대궐터에는 무학대사가 새긴 것이라고 전해오는 「불종불박」이라는 바위가 있다. 불종불박이란 말의 의미는 장차 불교[佛]가 이 세상 모든 종교의 으뜸[宗]이 되고, 그러한 불교[佛]의 중심인물은 박(朴)씨가 될 것이라는 예언적인 말로 해석하는데, 이는 곧 원불교와 소태산 대종사라고 해석하는 이들이 많았던 것이다.

정산 종사는 원기 43년 4월, 재무부장 성산 성정철에게 신도안의 불종불박 바위가 있는 땅을 사도록 하명(下命)하여 신도안 삼동원 기지 확보가 시작됐다.

당시 총부의 경제 사정이 너무나 어려워 성정철은 매우 난감하여 말씀드렸다.

"총부 식구들 밥도 제대로 못 먹는 형편인데 무슨 돈으로 불종불박 터를 삽니까?"

"내가 사라고 하면 여러 말 말고 사야 돼."

"돈이 없는데요."

"사겠다고 대답만 하고 착수해 봐. 사는 수가 생길 것이다."

"그렇다면 종법사님 말씀만 믿고 한 번 사도록 하겠습니다."

"그래야지. 보화당하고 대학에 가서 사정을 이야기 해 봐."

정산 종사가 가장먼저 시봉금에서 금일봉(1만원)을 보태주셨다. 과연 이 기관 저 기관에서, 또 뜻있는 교도들의 협조로 신도안 삼동원은 조금씩 조금씩 기지를 확보할 수 있었다.

불종불박 바위가 놓여 있는 앞집을 3천원에 뒷집을 7천원에 매입하여(바위는 두 집 경계인 담장사이에 놓여 있었다) 그곳으로 남선교당을 옮겨서 신도교당이라 이름하고 시타원 심익순 교무가 생활하기 시작하였다.

성정철은 그때마다 성현의 말씀은 땅에 떨어지지 않고 원력대로 이루어진다는 사실을 확신하게 됐다.

이렇게 개발된 신도안 삼동원은 원기 69년까지 토지 5만 7천여 평, 건물 14동(연건평 1천 9백여 평), 돼지 140마리, 목단 1만 주, 작약 5천 주까지 확장됐다. 또한 삼동원에서 근무한 임원 중에서 많은 전무출신이 배출됐다.

신도안 삼동원은 원기 69년에 이르러 국가의 정책에 따라 논산 벌곡 천호산으로 이전하게 되었고, 신도안에는 군사기지가 설치됐다.

2) 대산 선생이 오신 뜻

동산문집 1 『동산에 달오르면』의 내용 중에서 정리한 이야기이다.

원기 46년 7월부터 정산 종사가 동산선원에서 요양하고 있었다. 정산 종사는 대산 종사에게 "왜 신도안에 안 들어가는가. 어서 가소. 어서 가" 하는 재촉을 하였다. 그러나 아무 자금도 없이 빈손으로 신도안 개척에 나설 수 없었다.

대산 종사는 8월 이후 동산 이병은을 수행인으로 하여 신도안 건설 자금 마련을 위하여 경상도 지방을 순행하였다. 대구교당과 부산진교당을 중심으로 영남지역에서 2개월간 주재하며 각처 교당의 대소 행사에 참여하였다.

대구교당에는 항타원 이경순이 교감으로 있고 이병은의 처제 염타원 장혜성이 순교(부교무)로 근무하고 있었다.

이병은이 처제인 장혜성에게 물었다.

"대산 선생께서 오신 뜻을 아냐?"

"몰라요."

"지금 영남 기운을 다 하나로 뭉쳐줄려고 오셨다."

이때 대산 종사는 법문편을 「교리실천도해」로 만들어 강의하였다.

3) 대산을 보고 가거라

동산문집 1 『동산에 달오르면』의 이야기이다.

원기 46년 9월, 정산 종법사가 서울대병원에 입원하여 치료하고 있었다. 대산 종사는 정산 종법사를 간병했다. 간호하러 드나드는 대산 종사를 보고 "내 걱정은 하지 말고 어서 내려가 신도안 땅을 준비하라"고 하여 대산 종사는 총부에 내려와 신도안으로 들어갔다.

정산 종사가 열반하기 1주일 전이었다. 부산진교당 교무 주타원 윤주현이 시타원 박수정화, 우타원 이양인 교도와 같이 총부로 정산 종사의 문병을 왔다. 정산 종사가 말씀하였다.

"대산(김대거)을 보고 가거라."

윤주현은 신도안으로 들어가 대산 종사를 뵈었다. 초가삼간 집의 궁색한 신도교당의 살림을 보고 부산진교당 교도들은 느낀 바가 컸다. 이로부터 부산진교당 교도들은 신도안 기지 확장매입에 상당한 기여를 하게 됐다.

4) 미신소굴로 들어가다

대산 종사가 계룡산 신도안에 처음 들어갈 때의 이야기를 원기 60년 2월 23일에 말씀하였다.

"내가 처음 신도안에 들어가 있을 때 나보고 미신소굴에 들어가 있으니 미신과 똑같은 인상을 받는다느니 하여 많은 시비가 있었다. 그러나 내가 신도안에 들어간 뜻이 있었다. 70여 개 되는 그 미신종교들을 무엇으로 다 물리칠 수 있겠는가. 미신소굴에서 그 미신들을 물리치려면 그 속에 들어가 정법의 참 모습을 보여 주어야지. 그래서 삼동원에다 자급자족의 생산도 시키고 각 지방의 학생, 청년들이 봉사활동도 하게 하면서 훈련을 시켰다. 그리고 부락민들이 '동투 난다'는 일들, 예를 들면 당산나무를 부락민들은 건드리면 죽는다고 생각하는 것을 우리들은 잘 활용하니 모두 원불교 식으로 해야 한다면서 충남 일대에서 참다운 종교라고 다 알려졌었다."

5) 구정 선사보다 큰 신심

동산문집 1 『동산에 달오르면』의 이야기이다.

한번은 삼동원 초창기에 숙소 부족 탓으로 대산 종사가 동산 이병은 원장에게 말씀하였다.

"저기 변소 칸에 방을 들이라. 내가 거기 있겠다."

어른이 시키는 대로 이병은은 불평 없이 엄동 추위도 아랑곳 않고 찬물에 맨발로 흙을 이겨 변소를 고쳐 방으로 만들었다. 방에 불이 잘 안 들어가 엄동 추위에 고치기를 수차 거듭하는 이병은을 보고 대산 종사가 말씀하였다.

"동산은 구정 선사보다 더 큰 신심을 가졌다."

이병은은 대산 종사의 말씀을 전혀 의심 없이 온통 받아들였다. 만일 누구든지 대산 종사를 비판하는 것을 보면, "니깐 놈이 뭘 아냐"고 하며 대산 종사에 대해 절대 신봉하였다.

이병은이 열반하기 며칠 전 대산 종사가 "벽에라도 기대고 동산이 있기만 하면 좋겠다"고 하였다.

6) 종법사 숙소 옆 무당집

대산 종사를 시봉했던 관타원 김관현 교무의 회고이다.

"신도안에서는 「불종불박」이 새겨진 바위 옆에 대산 종사님의 숙소가 있었다. 담장 너머에 정토사라는 절이 있고, 그 옆에는 무당이 살고 있었다. 무당이 매일 밤낮으로 신 굿을 한다고 징, 꽹과리, 북을 치니 시끄러워 잠을 잘 수가 없었다. 한 교무가 소음 때문에 종법사님 못 주무신다고 경찰서에 신고하였다. 그 무당이 미안하다고 느닷없이 떡이랑 고기를 갖다 주니 대중은 영문도 모르고 대산 종사님에게 보고를 올렸다.

사실을 알고 난 대산 종사님께서 '무당이라도 남의 생업을 끊으면 안 된다'고 하시며 경찰에 신고한 걸 언짢아하셨다. 교무가 '종법사님 못 주무신다고 죄송해서 신고했다고 합니다' 하니, '나는 시끄러운 것 안 듣는 방법이 있다'고 하셨습니다."

7) 신도안 부엌살림

동산문집 1 『동산에 달오르면』의 이야기이다.

부산진교당 교도들의 모임인 이북단이 대산 종사를 뵈러 신도안 삼동원에 왔다. 시타원 이혜선이 호박잎 국에다가 된장찌개를 정성껏 마련해서 상을 올렸다. 먼 길을 와서 시장하던 참이라 일행은 맛있게 먹었다. 국과 밥을 더 달라는 청을 하기 위해 우타원 이양인 교도가 부엌으로 나왔다.

이혜선은 말도 못하고 더 주지도 못하는 사정이 답답하여 울었다. 두 사람은 목이 메어 손을 마주잡고 울었다. 둘은 의형제를 맺었다. 이후로 이양인은 대산 종사를 뵈러 올 때마다 풍족하게 음식거리를 장만하여 와 신도안의 식생활을 윤택하게 하였다. 이혜선은 법무실에서 10년간 식당 일을 보았다.

신도안 된장이 참 맛있었다. 한 교도가 된장찌개가 하도 맛있어 부엌으로 나갔다. 공양원이 보이지 않아 부엌살림을 보고 눈시울을 붉혔다. 식당 식구들은 손님들이 오면 식사를 차려주고는 음식을 더 내줄 여력이 없으므로 숫제 부엌을 비워놓고 나갔던 것이다.

8) 신도안의 계명

동산문집 1 『동산에 달오르면』의 이야기이다.

대산 종사가 신도안 삼동원에 머무르며 근무하는 가족들에게 말씀하였다.

"내가 이곳 신도안에서 계명을 준다. 다른 종교의 단점을 말하지 말 것, 우리가 무슨 일이고 먼저 실천으로 보여줄 것, 원 없는데 억지로 권하지 말 것이다."

9) 명당 보다는 심당

원기 58년 11월 6일, 대산 종사가 금산 제원교당 교도들과 함께 신도안 천양원에 오르시어 밭 옆에서 쉬시며 말씀하였다.

"이 밭이 참 좋다. 대통령 자리는 무섭게 서로 빼앗아 가려 하나 이 자리는 그렇지 않다."

제원교당 교도들이 말하였다.

"참 좋은 명당 터입니다."

대산 종사가 말씀하였다.

"땅에 명당이 있느냐. 마음에 명당을 써야지. 앞으로는 명당(明堂)이라 하지 말고 심당(心堂)이라고 하라."

10) 아쉽게 할 것 없다

원기 59년 11월 14일, 대산 종사가 삼동원 강당 앞 밭에 나가시어 대중에게 밭을 살 당시의 내력을 말씀하였다.

"이 밭을 살 때에 세 번 물러 주고 네 번째 사들인 땅이다. 처음 땅 주인과 계약을 하고 나니 동리 사람들이 '버티면 값이 올라갈 텐데 왜 파느냐' 하고 충동하므로 부인과 남편이 욕심이 생겨 그 이튿날 와서 물러 달라고 하여 필요하다면 다시 가지고 가라하고 물러주었으며, 얼마 후 자기 땅은 안사고 다른 땅만 사니 또 와서 계약하자 하므로 또 계약하고 사기로 했으나 역시 그 이튿날 딴 욕심이 생겨 이 땅 팔면 부인과 이혼하게 생겼다고 해약해야 한다고 해서 그렇게 해 주었고, 또 얼마 후 계약하자고 하므로 또 하였으나 역시 해약을 요구하므로 필요하면 가지고 가라하고 해약시켰다.

네 번째는 아예 계약조차 아니 한다고 하니 그 부부가 몸이 달아 사정사정 하므로 샀더니 그때 완전히 일단락됐다.

우리는 길게 잡고 큰일을 하니 어떠한 일이나 아쉽게 하여서는 안 된다. 저편이 필요하면 주고 우리가 써야 할 것이면 언젠가는 우리 것으로 될 것이니 아쉽게 할 것이 없다."

11) 신도안에 돌담을 쌓다

동산문집 1 『동산에 달오르면』의 이야기이다.

신도안에는 돌이 많았다. 집집마다 돌담을 치고 살았다. 삼동원은 처음에 대궐터 불종불박 바위 옆에 초가집 한 채부터 시작하였다. 그로부터 한 채 한 채 이웃집을 매입할 때마다 돌담을 허물고 다시 쌓았다.

해마다 돌담의 범위가 넓어져 나중에는 주변의 돌만으로 모자랐다. 매일 과정처럼 대산 종사는 수양객들과 더불어 서용추 또는 동용추 계곡으로 산행하였다. 하산할 때면 대산 종사가 일행에게 말씀하였다.

"자, 내려갈 땐 각자 들고 갈 만큼 돌을 가지고 가자."

교도들이 매일매일 한 개 두 개 들고 온 돌들도 합하여 쌓은 돌담이 둘레 1Km의 삼동원 울타리가 됐다. 잘못 쌓은 돌담은 겨우내 눈이 쌓이고 땅이 얼었다가 해동이 되면서 잘 무너졌다. 돌담을 쌓을 땐 대산 종사가 옆에서 감역하고 동산 이병은 원장은 지시에 따라 돌을 쌓고 임원들은 손수레로 돌을 운반해 왔다. 임원들은 돌담을 쌓다가도 대산 종사 지시에 따라 허물고 다시 쌓는 일이 많았다.

　대산 종사가 담을 쌓고 있는 사람들에게 말씀하였다.

　"근본부터 잘 다스려야 한다. 모난 돌이라도 하나 버리지 마라. 각이 다르고 모가 나도 다 쓰도록 되어 있다. 모가 난 돌이라도 다 들어갈 데가 있어. 그런 돌이 눌러놔야 할 자리가 다 있다."

12) 선인의 좌정

　동산문집 1 『동산에 달오르면』의 이야기이다.

　대산 종사가 계룡산 비선대에서 선(禪)을 하고 있는데, 어느 30대 천주교 부부가 와서, "스님이십니까?" 하고 물으며, "멀리서 뵈오니 마치 선인(仙人)이 좌정(坐定)하고 계시는 것 같아서 마음이 끌려 왔습니다" 하며 "스님의 교(敎)는 무엇입니까?" 하고 물었다.

　대산 종사가 '원불교'라 하니 그가 "각 종교가 또는 교파가 많으니 통합하여 하나로 만들면 좋겠습니다" 하고 말하였다.

　대산 종사가 말씀하였다.

　"조부모님 밑에는 아버님 형제분 그리고 그 손녀 손자들이 수없이 많지 않은가. 그래서 각각 다 잘 살면 얼마나 좋으냐!"

　천주교 부부가 대산 종사 말씀에 수긍하고 갔다. 그들이 간 후 대산 종사가 말씀하였다.

"아마 기도생활을 많이 한 사람 같다. 그러니 기운이 응하여 쏠려서 온 것이다."

13) 부열이가 무정이에게

동산문집 1 『동산에 달오르면』의 이야기이다.

하루는 대산 종사와 동산 이병은이 신도안 삼동원 돌담을 쌓고 있는데 길 가던 노인이 와서, "무정이하고 부열이가 왔구먼!" 하고 지나갔다.

무정(武丁)은 중국 은(殷)나라 중흥의 명군 고종의 이름이다. 부왕(父王)이 죽고 임금이 되자 무정은 3년 상 동안 정사를 않고 기도하였다. 꿈에 하늘이 명재상을 계시하였다. 무정은 화공을 불러 꿈에 본 그 얼굴의 초상화를 그리게 하여 천하에 널리 사람을 찾았다.

무정은 부암(傅巖) 땅에 농사짓고 돌담을 쌓는 부열(傅說)을 찾아 재상으로 등용, 스승으로 모시고 선정을 베풀었다 한다.

이병은이 만년에 병고로 신고할 때, 서타원 장귀영 정토가 묘방을 구해 와서 정성스럽게 약을 달여 올렸으나 사가에서 지어 온 약이라 하여 먹지 않았다.

장귀영이 대산 종사께 "종법사님, 부디 원장이 약 드시게 분부하여 주세요"라고 당부하였다.

대산 종사가 웃으며 말씀하였다.

"부열이가 무정이에게 약 먹으란다고 그래라."

이 말을 전해들은 이병은은 빙긋이 웃으며 몹시 비위에 역겨운 약을 먹었다.

14) 벌곡 삼동원 터

관산 조대진 대호법의 회고이다.

"언젠가 대산 종사님이 부르신다 하시어 가보니, '삼동원이 신도안에서 쫓겨나가게 되었는데 자네가 괜찮은 곳을 좀 찾아보라' 하셔서 왜 알지도 못하는 나를 시키시나 하고 속으로 생각하였다. 그러나 어른 시키시는 일이라 마음먹고 유성에 나가 여관을 정하고 방에 들어가 두문불출하며 안과 밖을 전부 닫아버리고 21일 동안 기도를 드렸다. 그런데 21일 되던 날 밖에 나가 큰 미루나무 밑에 앉아 쉬는데, 어느 거지 할아버지가 내게 와서 '무엇 하러 왔느냐? 어데 사느냐?' 하며 여러 가지를 자꾸 물어 왔다. 그래서 여기 대전이 대한민국의 중심지인데 여기에 청소년 정신교육장을 하나 지으려고 해서 터를 찾아왔다고 하니, 좋은 곳이 있다며 말을 해주었다. 듣고 나니 첫마디부터 내 귀에 쏙 들어와서 그 터에 가서 구석구석 돌아보았다. 그리고 노트에 자세히 기재하여 대산 종사님께 올려드렸더니 수고했다고 하시며 반갑게 받으셨다.

그런데 열 달이 지나도 아무 소식이 없었다가 대산 종사님이 몇 분을 보내시어 그 땅을 사기로 결정했다고 하셨다. 내가 그 땅 값을 희사하고 싶어서 전부 내드렸다. 지금 생각해도 조금도 아깝지가 않고 아주 잘한 일이라고 생각한다. 그 당시 계약서를 가지고 대산 종사님께 갔더니, 책을 꺼내어 보여주시며 그 산이 이런 산이다 라며 보여주셨다.

 그리고 말씀을 들어보니, 처음 이곳에 가 본 사람들마다 안 된다며 반대했다고 한다. 대산 종사님이 '야! 벌곡에 조 회장이 좋다는 데가 있다더라. 한 번 가 봐라' 하셔서 다녀오니, '몇 점이나 주겠더냐?' 하는 말씀에 시자가 '20점밖에 못 주겠습니다' 하고 말씀드리니, '야! 20점이나 주었냐? 거기 참 좋겠다' 고 하셨다 하는데 바로 옆인데도 한 번도 안 가보시고 앉아서 다 아셨다."

15) 신도안 터를 국가에 넘기고

 예타원 전이창 종사의 회고이다.

 "신도안은 대산 종사님이 애정을 많이 쏟았고 공을 많이 들인 곳이라 원기 68년도에 국가에서 '6.20사업' 이 발표되자 교단에서도 회의를 거듭하였으나 신도안을 떠나지 않을 길은 없었다. 대산 종사님은 국가에 넘기는 것으로 결정을 하시고 '우리가 오랫동안 이 땅을 준비해 왔으나 국가에서 필요하다면 내주어야지. 국가 일을 위해 우리가 그동안 준비해왔던가 보다' 고 하셨다. 이사하기로 결정을 하고 이사 갈 땅을 찾기 위해 여러 곳을 탐방하게 하셨다.

 옛말에 산 좋고, 물 좋고, 정자 좋은 곳이 없다더니 실로 마음에 드는 땅이 없었다. 남대전교당 경산 오선교 법사님께서는 학교 일에 바쁘신 중에도 여러 곳을 소개하시고 같이 다니는 수고를 하셨다.

 대산 종사님은 수원교당 관산 조대진 대호법님께 땅을 알아보도록 하셨다. 조 대호법님이 정성을 다해서 삼동원 터를 물색하고 보고했기 때문에 모두 알고 계시면서도 결정을 하지 않으시고는 우리들이 결정하기를 기다리셨다.

나는 그때 벌곡도 여러 번 들어가 보았지만 정터가 아닌 문간채 자리라고 생각되었고, 또 집 지을 터가 마땅치 않았기 때문에 결정을 못하였다. 그런데 현재 집터에 들어가서 앞을 보니까 현재까지 보아온 터 가운데 이만한 곳이 없겠다는 생각에 대산 종사님께 말씀을 드려 결정을 보게 됐다. 원기 69년 3월 1일에 삼동원 동산원에서 직원들이 퇴거 봉고식을 올리고 짐을 꾸려 6월 19일에 벌곡으로 이사하게 됐다.

신도안 삼동원의 토지 보상금을 받게 되자 제주에 원광한의원을 개설하도록 하시었다. 그 후 제주원광한의원을 팔게 되면서 안양에 투자를 더해서 안양원광한의원을 개설하게 하고, 또 회사 들어온 돈으로는 부산원광한의원에 투자하게 하셨다. 그리고 버스 두 대를 회사 받게 되었고, 건축하는 어려움 속에서도 절약절식해서 버스 두 대를 더 사게 됐다. 그 무렵 대전 가수원 땅을 삼동원에서 사도록 하시면서 '장차 신도안 땅을 다행히 돌려받게 된다면 대용하거나 다른 중요한 일이 생기면 쓰라' 고 까지 하셨다."

16) 해원박사라는 호

삼동원이 신도안에 있다가 국가의 정책에 의해 벌곡으로 이사한 이듬해 대산 종사와 구타원 이공주가 함께 삼동원에 와 있었다.

그 다음날 대산 종사께서 삼동원 원장인 예타원 전이창의 방으로 오시어 담화하던 중에 구타원 이공주가 대산 종사께 호(號)를 드리고 싶다하며 "문학박사나 철학박사 같은 학문박사가 아니라 도덕박사라고 할까? 해원박사라고 할까? 그래도 해원박사가 좋을 것 같습니다"고 하였다.

남의 가슴에 한을 풀어주시는 해원박사라고 하여 대산 종사와 모두가 만족해하였다.

11. 왕궁 정양

1) 대원전을 짓다

왕궁영모묘원 원장을 역임한 균타원 신제근 종사의 회고이다.

"대산 종사님께서 원평에 계시다가 '내가 가려니 집 한 칸 마련하라'고 그러셨다. 그래서 영모원(영모묘원) 사무실(사무실과 농기구 창고로 사용하던 조립식 건물)을 수리하여 오신 것이다. 나는 영모원에서 대산 종사님을 모시고 살면서 아침마다 좌선 끝나고 가서 뵙는 재미로 살았다.

나를 영모원장 시키시면서 「납골당」을 지으라고 하시었다. 그러시고는 내가 잊어 버릴만하면 얘기하시곤 하시었다. 그러나 귀에는 안 들어왔다. 묘지도 안 들어오는데, 묻었던 사람들도 선조 떠내려간다고 파가는데, 어떻게 납골당을 생각할 수 있나 하는 생각이 자꾸 들었다. 그런데 숭산 박광전 종사님이 돌아가시고 그때 많은 사람들이 와서 보고는 평장이 좋다고 평이 났다. 여기저기 꽃나무 심어놓고 하니 새롭게 보였던 것 같다. 그때부터 선전이 제대로 되어 묘지가 잘 나가기 시작하였다. 그래서 빚 갚고 납골당 지을 돈이 마련이 됐다. 그러나 터가 문제였다. 다행히 현 대원전 터 뒤에 송(宋)씨 문중 산 5,000평을 사게 됐다. 그래서 그곳에 대원전을 지어야겠다고 말씀을 드리니 더 없이 좋아하셨다. 그러시고 '큰일 한다. 큰일 한다' 하시면서, '된다, 된다' 하시었다. 그리고 이름을 납골당이라고 할 수가 없어서 한번은 가서, '납골당 이름을 지어야겠는데 제가 며칠을 생각해 봤습니다. 큰 대(大)자, 둥글 원(圓)자, 집 전(殿)자 하면 어떻겠습니까?' 하고 여쭈었더니 아무 말씀도 안하시고 며칠 있다가 '벼루하고 먹하고 가져와라' 하시고 「大圓殿」을 써주셨다.

나는 강암(송성용) 선생에게 쓰라고 할까 생각했는데 몇 번을 쓰시더니 '딴 생각 말고 이걸로 해' 하시는 것이었다. 그래서 대산 종사님 친필로 현판을 하게 된 것이다."

2) 나를 왜, 닭장 속으로

대산 종사를 시봉했던 관타원 김관현 교무의 회고이다.

"왕궁영모묘원 농기구를 보관하던 조립식 창고를 개조하여 조실로 만들어 대산 종사님께서 옮기셨습니다.

교도들과 외빈의 접견이 많아져 뒤꼍에 20여 평 비닐하우스를 짓고 대중을 접견하다가 차츰 하우스를 넓혀갔습니다. 이곳에서 교단내외의 인사를 접견하며 수 없는 법문을 설하셨습니다.

한 외부인사(박철언 씨가 장관시절)가 대산 종사님을 만나러 왕궁에 왔습니다. 시자가 비닐하우스 초당으로 안내하자 '나를 왜, 닭장 속으로 데리고 가나' 하고 의심을 하기도 했다고 합니다."

3) 대산 종사의 짐정리

대산 종사를 시봉했던 관타원 김관현 교무의 회고이다.

"대산 종사님께서 총부, 영산, 만덕산, 삼동원 등 어떠한 장소로 옮기시든 시자들은 짐이 많았습니다. 가는 곳마다 시자들은 짐 정리하느라 동분서주하는 가운데 대산 종사님도 짐 보따리를 풀기 시작했습니다.

대산 종사님은 거처하는 방에 혼자 쪼그리고 앉아 보자기에 싸온 조그마한 일원상과 대종사님 영정, 정산 종사님 영정, 기원문 결어를 내 놓으시고 정리해서 방 상석(上席)을 정하여 모시고 항상 생활하였습니다."

4) 너도 이 수건으로 써라

대산 종사께 목욕을 해 드리는 시자가 수건에 비누를 너무 많이 문지르고 나서 비누칠을 해 드리니 말씀하였다.

"비누 범벅이구나. 내게 쓰고도 빨지 말고 너도 이 수건으로 쓰도록 해라. 대종사님께서도 꼭 이렇게 시자들에게 가르쳐 주셨다. 나는 이 비누를 3년째 쓰고 있다."

5) 지리산훈련원 유촉

주타원 윤주현 종사의 회고이다.

"대산 종사님이 열반하시기 두 달 전에 부르시어 갔더니 중생을 부처 만드는 데는 훈련밖에 없다고 하시며 「지리산훈련원」을 부촉하셨습니다. 그래서 지리산 입구에 대지를 구입하라 하시어 터를 잡아 주신 후 터만 사놓으시고 미완성인 채 열반에 드셨습니다.

관타원 김관현 교무가 '지리산훈련원이 제일 큰 훈련원이라 하시면서 왜 이리 늦게 시작하시어 미완성인 채 남겨놓으셨어요' 하고 사뢰니, 대산 종사님이 '지리산훈련원을 먼저 했으면 다른 훈련원은 하나도 안 된다. 그래서 다른 훈련원을 먼저 하였다. 그런데 지리산훈련원도 몇 년 걸려서 될 것이다' 하시며 지리산훈련원을 유촉하시고 열반하셨습니다."

12. 열반

1) 대산 종사의 열반

대산종사추모문집 2 『조불조사 대산여래』에 수록된 원광대학교 철학과 교수인 대산 종사의 차남 공산 김성관 교무의 글이다.

대산 종사님께서 보여주신 두 차례의 부활은 우리 모두에게, 아니 나에게 무엇을 그토록 간절하게 경책하려 하심이었을까? 열반에 드신 지금, 그 화신으로 다시 뵈올 수 없다는 절망감과 함께 자꾸자꾸 가슴속 깊은 곳으로부터 피어오르는 처절한 화두이다.

대산 종사님의 건강이 완연하게 회복될 기미를 보였으므로 잠깐 방심하고 있던 차에 동생 복인 교무로부터 치료 가능성이 전혀 없어져서 총부로 모시고 내려간다는 청천벽력 같은 전화를 받고 영모전 광장으로 갔다. 서울 삼성의료원에서 치료를 포기한 채 인공호흡을 계속하면서 헬기편으로 총부에 도착하신 것은 9월 13일 오후 5시 30분이었다.

구조실(종법실)에 도착해 곧 맥박이 멈추셨고 동공이 반응하지 않으면서 전혀 호흡도 하지 않으셨다. 좌산 종법사님은 더 이상 고통스럽게 해드리지 말자는 말씀을 하셨고, 김 원장(원광대학교 군포병원장)이 인공호흡을 중단함과 함께 담즙을 빼내는 튜브를 뽑은 시각이 오후 6시였다. 그런데 3~4초 후에 놀랍게도 가파르게 심호흡을 3~4회 하신 후 다시 맥박이 뛰었다. 첫 번째 부활을 보여 주신 것이다.

저녁 8시경에는 지동(地動)이 있었고, 9시경에는 그동안 거처하시던 왕궁 상사원 앞마당에 방광이 훤하게 일어났다. 그리하여 13일 밤을 무사히 지낸 후 14일 아침 8시 30분에 종법실(종법원)에서 교단 원로님, 총부 간부진, 시봉진, 가족 등이 모여 회의하기를 '치료는 적극적으로 하되 다시 병원으로는 옮기지는 말고 자연 치료를 하며 지방에서 문병 오시는 교무님들은 구조실 밖에서 인사를 드리도록 하자'고 하였다. 이후 문병인의 통제는 균타원 신제근 원로교무가 주로 하였다.

같은 날 아침 9시 30분경 이성국 교무, 김도연 박사가 지금 상황을 보니 어떠한 치료도 하지 않고 있는 듯하니 병원으로 다시 옮겨 치료를 받으시든지, 그렇지 않으면 편안하게 해드리기 위해 호흡기를 뽑아드리든지 결정을 하는 것이 좋겠다고 하였다. 본인(김성관)이 미국의 김양수 박사(미주 원광의료원 원장)에게 전화로 문의하니 대산 종사님의 병이 폐렴일 가능성이 많으니 강력한 항생제와 영양제를 놓으면 회복 가능성이 있다고 하며 끝까지 포기하지 말고 정성을 다하며 기다려 보라고 하였다.

다시 좌산 종법사님, 나용호 원장, 그리고 박병렬 원장이 함께한 자리에서 나는 병원으로 옮기지는 말고 항생제 치료까지는 최종적으로 시도해 보자고 간청하니 나 원장도 수락하여 가장 강력한 항생제와 영양제 등을 오후 2시부터 쓰기로 하고 항생제는 12시간 간격으로 사용하기로 결정하였다. 그런데 오후 1시쯤 공회당에서 법타원 김이현 종사, 누님이신 좌타원 김복환 종사, 장산 황직평 종사, 관타원 김관현 교무, 이성국 교무, 형 영산 김성은 교무, 그리고 나와 동생 김복인 교무, 김도연 박사, 큰 누님 김복균, 유응주 교무, 이정선 교무 등이 모여 다시 대산 종사님을 병원으로 옮겨 치료하지 않을 바에는 편안하게 해드리는 것이 좋지 않는가? 하는 문제로 회의를 하였다.

나는 "교단의 분위기를 볼 때 병원으로 옮겨 다시 치료하기는 어려우니 항생제 치료와 영양제 투입까지는 해보자"고 하였다. 형님인 김성은 교무가 "그러한 요행수는 바라지 말고 그냥 모든 것을 순리에 맡기자"고 하여 "김양수 박사의 견해이니 요행수라고는 볼 수 없으므로 항생제까지는 투여해보자"고 강력히 주장하니, 김도연 박사도 찬성을 하였다. 이와 아울러 좌타원님과 장도영 교무 등이 자석치료 전공자인 구한서 원장을 대구에서 불러와 치료를 시작하였다.

이러한 과정을 지내면서 첫 번째 부활로부터 하루쯤 지난 후 14일 오후 5시 5분 전에 두 번째의 부활이 일어났다. 역시 동공의 반응이 없었고 맥이 뛰지 않았으며 자력으로는 호흡도 되지 않았다. 장산님이 금년도 6·1대재 이후 대산 종사님께서 자주 하신 법문을 소개한 후, 좌산 종법사님은 모든 책임과 불효를 스스로 맡겠다고 하시면서 대산 종사님을 더 이상의 고통에서 벗어드리기 위해 용단을 내려야겠다고 하셨다. 좌산 종법사님이 나 원장에게 물으니 나 원장은 "밖에 나가서 말씀드릴 수 없겠느냐"고 요청했으나 "그냥 이곳에서 말하라"고 하시니 "의사 입장에서는 뽑을 수 없다"고 하고 밖으로 나갔다. 이때 문산 김정용 원로교무가 "아마 의사로서는 그렇게밖에 말할 수 없을 것이라"고 하여 인공호흡을 중단하기로 하였다. 이정선 교무는 "어제 같은 일이 다시 일어날지 모르니 인공호흡기 외의 의료장치는 제거하지 말자"고 하여 인공호흡기를 먼저 제거했는데 또다시 어제처럼 심호흡을 단전까지 깊숙이 하시면서 맥박이 다시 뛰고 동공 반응도 일어나는 두 번째의 부활이 일어났다. 계속 상태가 좋아져서 저녁 7시에는 용타원 서대인 원로교무가 가까이 가심에 주위에서 "용타원님이 왔다"고 하니, 눈을 크게 뜨시고 고개를 끄덕일 정도로 의식이 좋아지시고 동공의 반응이나 호흡도 아주 좋아지셨다.

그런데 김상수 원장이나 나용호 원장 등 의료진들이 한결같이 "대산 종사님의 건강은 불가사의한 일이 매우 많이 나타났었다"고 하였다. 예를 들면 두상 부분의 체온은 뜨거운데 겨드랑이 부분은 서늘하는 등 현대 의술이나 과학으로 전혀 이해가 안 되는 부분이 많았으며 의료진의 치료와는 별도로 자가 치료를 하시고 있는 듯 하다고 하였다. 어떻든 두 번째 부활 이후에는 체온도 37°대로 떨어져 시봉진과 의료진에게 다소 안도의 느낌을 주셨다.

15일 11시에는 좌산 종법사님과 교단 원로님들, 그리고 교단 간부들과 문병인 모두가 모인 자리에서 좌산 종법사님이 「진리는 하나 세계도 하나, 인류는 한 가족 세상은 한 일터, 개척하자 하나의 세계」라는 법문을 대산 종사님의 게송으로 선언하였다. 게송 선포의 시각에 관해 당시는 약간의 의문이 있었으나 지금 생각하니 정확한 시각에 이루어졌다고 생각된다. 그리고 오후 5시 30분경까지 욕창치료를 위해 두 시간 간격으로 체위를 바꾸며 박병렬 원장이 처방한 한약 영양제를 관장 형식으로 투입하고 계속해서 항생제와 영양제를 주사하니 점점 평온을 찾아가는 듯하였다. 양형식 원장은 장의 반응이 건강한 사람의 반응과 같이 힘차다고 했는데 아마 한약영양제의 투입효과가 아닌가 싶다. 이렇게 30분쯤 경과되니 갑자기 기관지의 가래가 막히면서 호흡이 끊어졌다. 의료진과 시봉진이 최선을 다 해 가래를 끄집어내려 했으나 나오지 않자, 김복인 교무가 감양수 박사에게 전화로 문의하니 체위를 비스듬히 하면서 뽑으면 된다고 하였다. 나는 양 원장에게 그렇게 시도해 줄 것을 부탁하도록 해서 무려 5시간 이상을 양 원장과 백정윤 박사, 구한서 원장 등의 의료진과 좌타원님, 이성국 교무, 나와 유응주 교무, 이정선 교무 등 시봉진이 사력을 다한 끝에 10시 30분경에 드디어 딱딱해지려는 가래가 상당량 빠져 나오고 호흡도 편안해지시면서 기적적으로 회생하셨다. 가까이서 시봉했던 균타원님과 좌타원님, 이성국 교무 등은 이때도 부활로 보아야 한다고 하였다.

9월 16일, 병환도 호전되시는 듯하여 나는 인문대 교수회의에 참석할 일이 있어 학교에 갔다가 오후 1시 20분에 학장실에 들어가니 김복인 교무가 전화 연락이 안 되어서 직접 찾아왔다면서 열이 다시 39° 가까이 올라가고 있다고 하였다. 나 원장이 "폐렴은 확실히 아니니 가래 제거용 튜브를 뽑아드리는 것이 고통도 덜어드리고 치료에도 도움이 되겠다"고 하니 빨리 가서 가족과 시봉진들의 의견을 수렴해 보자는 것이었다. 그리하여 튜브를 뽑아 드리는 것에 동의했으나 이성국 교무가 아주 불안하게 여기면서 "지금 호전되고 있으니 2~3일 더 지켜보자"고 강력히 주장하였다. 나 원장은 "오늘에야 확실히 알게 됐는데 40년 경험을 통해서 볼 때 폐렴은 확실히 아님으로 관계의료진 즉, 호흡기내과장, 마취과장, 순환기내과장을 4시까지 오라고 대기시켜 놓았으니 뽑았다가 잘못될 경우 다시 삽입하더라도 뽑아드리자"고 해서 동의하였다.

  의료진이 와서 좌산 종법사님과 원로 교무, 시봉진 및 가족들이 종법실에서 회의를 했는데 그동안 대산 종사님의 건강 상태가 좋아지고 있는데다가 그동안의 경과를 보면 오후 5시에 가장 좋지 않고 아침에는 비교적 좋았기 때문에 조금 지켜보면서 미국에서 셋째 여식 부부가 오고 있으므로 내일 아침 8시 30분에 빼는 것이 좋겠다는 의견이 모아졌다. 나 원장 등 의료진도 밤사이에 급작스러운 일이 일어날 것 같지는 않으니 그렇게 하자고 동의하였다. 나는 다시 밤사이를 지내는 데 위험하지는 않은가 물으니 현재 상태로 그것은 크게 염려할 것 없다고 자신 있게 답하면서 내일 뽑았다가 좋지 않을 경우 위험률이 매우 높을 때 다시 튜브의 삽입 여부를 결정해달라고 하였다. 본인 등 가족들이 여기까지 교단에서 배려를 해주었고 시봉진이나 가족도 최선을 다했으니 이제 좌산 종법사님께서 결정하시는 대로 모두 따르자는 분위기였다. 이후 체온이 38.9°까지 오르내리는 고열 외에는 호흡 촉진제를 놓아서 그랬는지는 모르지만 호흡이나 맥박 등에는 크게 문제가 없으신 듯하였다. 그러더니 10시 경부터 갑자기 맥박과 혈압이 내려가기 시작하여 심장호흡 강화 주사를 투여하였다. 11시쯤 잠깐 호전되시는 듯했는데 그 무렵 미국에서 셋째 여식 부부가 도착하였다. 그리고 셋째 여식 내외에게 간병의 기회를 주신 것을 끝으로 다시 상태가 급격히 악화되시어 회복되지 않으셨으며 가족과 시봉진, 의료진의 간절한 희망도 뒤로 하신 채 17일 12시 50분 열반에 드시었다.(편집자 주 : 대산 종사는 원기 83(1998)년 9월 17일, 85세로 열반)

사실 맨 끝의 경우에는 이전의 두 차례의 부활과 한 차례의 기적적인 회생의 경우와 비교할 때 다만 기력이 많이 쇠진해지신 것 외에는 다시 충분히 회생하실 수 있는 상태라고 여겨지는 데에도 열반에 드신 것은 셋째 여식 내외가 임종을 볼 수 있도록 하심으로써 공사로 인해 평생 자녀에게 소홀히 해 오신 것에 대한 마지막 배려이신 듯하고 발인 일정이나 49재 일정을 배려하시어 열반의 시각까지도 이미 결정하신 듯하였다.

나중에 들으니 대산 종사님은 이전의 경우와 달리 이번의 경우에는 시자들에게 모두 맡기시겠다고 거듭 말씀하셨고, 의료진에게도 하와이 갈 때나 원평에서 치료받으실 때 등 이전의 치료에 있어서는 언제나 걱정하지 말라는 말씀을 하시었으나 이번의 경우에는 전혀 그런 말씀을 하지 않으셨다고 한다. 또한 시자들에게 친필을 주신 적이 없었는데 이번에는 모두 한 장씩 주셨다고 하니 이는 열반을 미리 결정하시고 준비해 오신 것으로 여겨진다.

물론 우리 모두가 조금 더 정성을 올렸다면 열반을 조금 늦추었을지 모르나 여러 가지 경황으로 볼 때 대산 종사님은 열반을 준비해 오셨고 결정하셨던 듯하다. 그런데 "삼삼이 억울하니 구구로 하련다"라는 강증산 선생의 이야기를 가끔 말씀해 오셨던 것과는 달리 열반을 결정하셨던 때는 아마 대산 종사님의 당초 계획과는 달리 교단사의 여러 가지 난제를 열반과 함께 안고 가셔야겠다는 생각을 하셨거나 혹은 제자들의 정성이 부족하여 열반을 조금 당기셨던 것이 아닌가 생각된다.

나의 판단에 혼돈을 느껴온 것은 생명이란 지극히 소중한 것이므로 조금의 회생 가능성만 있어도 회생을 위해 오직 최후까지 최선을 다하는 것이 도리인가? 혹은 생사는 거래이니 그리고 너무나 고통을 받으시는 것 같으니 그것을 면해 드리면서 편안하게 열반에 드시게 하는 것이 도리인가? 하는 점이었다.

사실 8월 27일에 치료의 한계를 느끼고 삼성의료원으로 옮겨 치료를 한 번 더 시도해 볼 것인가에 대해서도 찬성과 반대가 있었다. 옮겨서 치료를 시도해 보자는 측의 주장은 생명이란 1%의 가능성이라도 있으면 치료를 해보아야 하는 것인데 상당한 가능성이 보이는 이런 상황에 왜 그 시도를 머뭇거리는 가였고, 옮겨 치료를 할 필요가 없다는 측의 주장은 동양의 전통이나 우리 원불교의 생사관에서 볼 때 그렇게 확실한 것도 아닌 약간의 가능성으로 신성과 존경을 받으시는 교단의 어른을 밖으로 모셨다가 자칫 잘못될 경우를 염려해야 한다는 것이었다. 물론 나는 옮겨서 치료를 해야 한다는 편에서 주장했고, 이성국 교무와 김상수 원장, 김양수 박사도 적극적으로 동의하였다. 그리고 후에 김관현 교무, 좌타원님, 교단의 원로 및 간부들도 동의를 해서 삼성의료원으로 8월 28일 11시 30분 헬기로 익산을 출발하여 12시 56분에 삼성의료원에 도착하였다. 장산님, 김관현 교무, 김양수 박사 등과 본인은 봉고차로 갔고, 4시 10분쯤에 도착하여 담당 의사들을 만나보니 담낭에 튜브를 삽입하여 고름 140cc를 제거한 후 4시 50분에 2002호실에 입원하니 7시가 채 못 되어 체온이 36.5°로 돌아오셨음을 확인하였다. 삼성의료원 주치의 송재훈 박사는 하루 정도만 늦게 왔어도 담낭의 염증이 터져서 도저히 어려웠을 것이라고 하였다.

대산 종사님이 열반에 드신 지금 다시 한 번 생각해보니 그때 옮겨 치료한 것이 잘된 일인가? 그렇지 못한 일인가에 관한 혼돈을 갖게 한다. 우리들의 정성이 지극하든 지극하지 않던 대산 종사님은 이미 열반을 결정하셨거나 병중이 이미 회생하기에는 너무 어려웠을지 모르기 때문이다. 그러나 비록 열반을 결정하셨거나 회생이 불가능한 병중이셨다 하더라도 제자들이나 가족 및 시봉진들은 최후까지 최선의 정성을 다하는 것이 도리였다고 생각된다. 또 반대편으로 생각해보면 이미 열반을 결정하셨고 또는 병중의 회복이 불가능했다면 더 이상의 고통을 덜어드리고 평온하게 열반에 드시도록 도와드리는 것이 도리라고 생각할 수도 있다. 어떻든 만에 하나라도 우리의 정성이 절실하지 못해 열반에 드실 상황이 아니었는데도 열반에 드신 것이라면 우리 모두는 크게 경책 받아야 하고 크게 각성하여 마음이 부활되어야 함은 분명하다.

교회 전체장으로 9월 17일부터 여러 제자들이 5일간 매일매일 애도와 추모담을 한 후 9월 21일 오후 2시에 1만여 명의 애도 속에 발인식이 치러졌다. 21일 아침만 해도 억수 같은 폭우가 쏟아져 마지막 가시는 길을 슬퍼하더니 일기예보에서 90% 이상 비가 올 것이라는 속설을 기적적으로 잠재우고 정오가 지나자 날씨가 쾌청하게 맑아짐으로써 오후 2시에 무사히 발인식을 거행할 수 있었다.

화장막에서 오후 5시 30분부터 윤산 김윤중 원로교무, 장산 황직평 교무, 좌타원 김복환 교무, 경산 장응철 교무, 그리고 내가 성해를 추슬렀는데 '육신의 삶이란 이렇듯 한 줌의 재에 불과한 것인가?'라는 슬픔과 함께 나는 다시 한 번 다짐을 하였다. 늦었지만 지천명(知天命)의 나이인 50에서부터라도 마음이 부활되어 그토록 간절히 염원하시고 기대하시며 기다리시던 그 길을 가도록 다시 시작하겠다고.

대산 종사님은 내가 어렸을 때부터 매일 아침 10년 동안 대종사님 성탑 참배와 정산 종사님, 대산 종사님 문안을 드리게 하셨다. 여느 날과 같이 참배를 가던 중에 내가 태어났던 오룡동 과수원(현 송암농원)에서 막내 복인 교무가 태어났다는 소식을 듣고 기뻐했던 기억이 생생하며, 그때 특히 대산 종사님은 어린 나에게 종교연합 창설을 강조하셨다. 열반하시기 몇 달 전에도 내가 교수 선거를 통해 인문대 학장에 취임한 후 가족들과 함께 대산 종사님을 찾아뵈었을 때 교수 투표의 어려움을 알아주시면서 "시험 잘 보았지야. 역사에 남는 큰일 해라" 하시고, 막내 대영이를 물끄러미 보시며 "좋은 인연이지야. 그놈 귀가 크고 잘 생겼다. 잘 키워라" 하셨다. 그 말씀들을 따르기에 많이 부족하고 어려운 일이라 생각되지만 뜻하심과 기대하심을 소중히 받들어야겠다고 다짐하였다.

화장막 밖에 나와 보니 이별을 기리는 것처럼 분홍빛 노을이 선연히 하늘을 장식하며 손을 흔들어 주는 듯하였다. 뒤에 들으니 분홍빛 노을이 일어나기 전에 화장막 불이 꺼지자 중앙총부 방향으로(소태산 대종사 탄생100주년 행사장에서 보였던 것과 같은) 둥근 해무리가 일어났다고 한다. 우리들의 큰 스승 대산 종사님은 큰 삶을 사시다가 제자들과 가족들에게 큰 명예를 남겨주시고 이렇듯 분홍빛 저녁노을이 되시어 역사 속으로, 아니 우주 법신 속으로 떠나시었다. 화현하신 대산 종사님의 자비로운 성안을 우리는 언제 다시 뵈올 수 있을까?

부

대산 종사 연보

대산 종사 연보

서기	원기	나이	내용
1914	원기 전 2년	1	● 전라북도 진안군 성수면 좌포리 연산 김인오와 봉타원 안경신의 4남 1녀 중 장남으로 태어남(음 3월 16일).
1920	5	7	● 사숙에서 한문수학.
1924	9	11	● 만덕산 초선회에서 소태산 대종사와 만남.
1926	11	13	● 총부에서 입선하고 사가로 돌아 옴.
1927	12	14	● 전주 호영중학교 입학(2년간 수학하고 중퇴).
1929	14	16	●「대거(大擧)」란 법명 받고 정산 종사 연원으로 출가.
1930	15	17	● 학원 생활(15년 4월~16년 3월). ● 정산 종사에게『도덕경』배움.
1931	16	18	● 서무부 서기(16년 4월~19년 3월).
1932	17	19	●『월말통신』제35호에「입지시」발표.
1933	18	20	● 의타원 이영훈과 결혼.
1934	19	21	● 상조, 공익, 육영부 서기(19년 4월~21년 3월). ● 소태산 대종사와 공식적으로 은부시자 결의.
1936	21	23	● 총부 구내로 이사.
1937	22	24	● 대각전 옆 동산 매입하여 복숭아 과수원 조성.
1938	23	25	● 서무부장 겸 공급부장. ●『회보』제46호에 소태산 대종사의 법문「일원상과 인간과의 관계」수필 발표.
1939	24	26	● 교무부장(24년 4월~28년 3월).
1941	26	28	● 감사부장.

서 기	원 기	나 이	내　　용
1942	27	29	●교무부장.
1943	28	30	●총부 교감 겸 예감(4월~31년 4월). ●소태산 대종사 열반. ●결핵 감염.
1944	29	31	●총부 교감. ●수위단 건방 보결에 피선. ●서울교당에서 요양.
1945	30	32	●경기도 양주에서 요양(30년 4월~31년 3월).
1946	31	33	●서울출장소장으로 부임(31년 4월~34년 3월). ●백범 김구, 우남 이승만과 교류. ●「심원송(心願頌)」지음.
1948	33	35	●교명을 「원불교」로 정하고 개교식 거행.
1949	34	36	●결핵 재발하여 원평교당 요양(4월~36년 3월). ●「채약송」「원상대의」「정진문」 등 지음. ●『대종경』 법문 정리 시작.
1953	38	40	●수위단 중앙위에 피선. ●「대산(大山)」 법호 받음. ●교정원장 겸 재단법인 원불교이사장에 피임.
1956	41	43	●「대종경편수위원회」 발족, 지도위원 위촉.
1958	43	45	●건강 이유로 교정원장직 사의. ●교서편수기관 「정화사」 발족, 지도위원 위촉.
1959	44	46	●중앙선원장(44년 4월~47년 1월). ●수위단 남 중앙단원 재선.

서 기	원 기	나이	내　　　용
1959	44	46	●영산성지에서 3년여 간 요양.
1960	45	47	●모친 봉타원 안경신 열반.
1961	46	48	●하섬에서 『정전대의』 초안. ●계룡산 신도안에 들어감. ●「정화사」 감수위원 위촉.
1962	47	49	●정산 송규 종법사 열반. ●대산 김대거 종법사 당선, 추대. ●『원불교 교전』 간행.
1965	50	52	●대산 종법사 추대(2기).
1968	53	55	●이리 금강리 신성마을로 옮겨 주석.
1969	54	56	●남산공원 김구 동상 헌화.
1971	56	58	●대산 종법사 추대(3기). ●개교반백년기념대회 개최. ●원광대학 종합대학교 승격.
1972	57	59	●『정산종사 법어』 간행.
1975	60	62	●세계종교연합기구 창설 제안.
1976	61	63	●종법사 중심제로 교헌 개정.
1977	62	64	●대산 종법사 추대(4기). ●『정전대의』 간행
1979	64	66	●영모묘원 발족.
1982	67	69	●서울회관 건립 봉불. ●대산 종법사 추대(5기).

서 기	원 기	나 이	내 용
1984	69	71	● 천주교 교황 요한 바오로 2세 만남(세계종교연합기구[URI] 창설 제안).
1987	72	74	● 세계종교연합기구[URI] 추진위원 구성.
1988	73	75	● 왕궁영모묘원에 상주. ● 원불교 창립 제2대 성업기념대회. ● 대산 종법사 추대(6기).
1990	75	77	● 삼동원 신축봉불(벌곡 천호산).
1991	76	78	● 정식 대각여래위 승급. ● 소태산 대종사 탄생100주년 기념대회.
1992	77	79	● 정토 의타원 이영훈 열반.
1993	78	80	● 수계농원 내왕 시작.
1994	79	81	● 대사식(대산 종법사 퇴임, 좌산 이광정 종법사 취임).
1996	81	83	● 미국 행가, 하와이국제훈련원 봉불식 임석.
1997	82	84	● 『대산 상사 수필법문집』 1, 2, 3 간행. ● "내게 더 이상 묻지 마라"고 함.
1998	83	85	● 미주선학대학 설립 부촉. ● 대산 김대거 종사 열반(9월 17일).
2002	87	열반 후 4년	『대산종사법어편수위원』 구성.
2008	93	10년	● 대산 종사 열반 10주년 심포지엄.
2009	94	11년	● 「대산종사성탑봉건위원회」 출범.
2010	95	12년	● 대산 종사 추모문집 2 『조불조사 대산여래』 (1권, 원기 93년 간행).

서기	원기	나이	내용
2011	96	13년	● 다큐「비닐하우스성자, 대산 김대거(광주 MBC)」방영.
2013	98	15년	● 대산 김대거 종사 탄생100주년 기념학술강연회
2014	99	16년	●「대산 종사 성탑」봉건, 대산 종사 탄생100주년 기념대법회.

참고문헌

불법연구회,『월말통신』

불법연구회,『회보』

원불교 정화사,『원불교 전서』원불교출판사, 원기 76년

원불교 상사원,『대산 상사 수필 법문집』1~3권, 원기 82년

원불교 법무실,『대산 종법사 법문집』1~5권, 원불교출판사

원불교 신보신서 2,『구도역정기, 대산 김대거 종법사』원불교출판사, 1988년

원불교 제1대 성업봉찬회,『원불교 제1대 유공인역사』원불교출판사. 원기 71년

이공전,『대종경 선외록』원불교출판사, 원기 67년

대산종사추모문집편찬위원회,『조불조사 대산여래』1권, 원기 93년

대산종사추모문집편찬위원회,『조불조사 대산여래』2권, 원기 95년

원불교 교정원,『원불교 법훈록』원기 84년

손정윤, 『원불교 대계』 원불교출판사, 원기 85년

원불교 사상연구원, 『원불교 대사전』

박정훈, 『한울안 한 이치에』 원불교출판사, 원기 76년

박정훈, 『정산종사전』 원불교출판사, 원기 87년

교화부 편수과, 『삼산·육타원 종사 문집』 원불교출판사, 원기 67년

동산문집편찬위원회, 『동산에 달 오르면』 원불교출판사, 원기 79년

동산문집편찬위원회, 『진리는 하나 세계도 하나』 원불교출판사, 원기 79년

박용덕, 『돌이 서서 물소리를 듣는다』 원불교출판사, 2003년

박용덕, 『신룡벌, 도덕공동체…』 원불교출판사, 2003년

박용덕, 『구수산 칠산바다』 원불교출판사, 2003년

선진문집 4 『응산종사문집』 원불교출판사, 1981년

박혜명, 『땅은 세상만물을』 원불교출판사, 1990년

아산종사문집간행위원회, 『개벽회상의 공도생활』 원불교출판사, 원기 93년

서문 성, 『십이인연의 꽃자리 만덕』 원불교출판사, 2011년

원불교 신문사, 『원불교 신문』 외, 각종 언론 인터뷰

양보훈 등 다수의 구술